D1935565

«... todo es cábala»

«... todo es cábala». Diálogo con Jörg Drews, seguido de Diez tesis ahistóricas sobre la Cábala

Gershom Scholem

traducción de Miguel García-Baró

MINIMA TROTTA

MINIMA TROTTA

Títulos originales: «... und alles ist Kabbala». Gershom Scholem
im Gespräch mit Jörg Drews
Zehn unhistorische Sätze über Kabbala

© Editorial Trotta, S.A., 2001
Sagasta, 33. 28004 Madrid
teléfono: 91 593 90 40
fax: 91 593 91 11
e-mail: trotta@infornet.es
http: //www.trotta.es

© edition text + kritik GmbH, 1998 (2ª ed. amp.)

© Suhrkamp Verlag, Frankfurt am Main, 1970

© Miguel García-Baró, 2001

diseño de colección
Joaquín Gallego

ISBN: 84-8164-463-3
depósito legal: P-142/2001

impresión
Simancas Ediciones, S.A.

ÍNDICE

«... TODO ES CÁBALA»

Gershom G. Scholem nació en Berlín en 1897. Creció en esta ciudad. Estudió matemáticas y física. Pasó el examen de estado prusiano. Estudió luego semitología, y se doctoró en ella en Múnich, en 1922. En 1923 emigró a Palestina. Fue primero docente y luego, desde 1933, profesor de mística judía en la Universidad Hebrea de Jerusalén. En 1968 recibió el doctorado *honoris causa* de la Universidad de Zúrich y en 1978 el de teología (*Doctor of Divinity*) de la Universidad de Yale. De 1968 a 1974 presidió la Academia Israelí de Ciencias y Humanidades. Desde 1973 fue miembro de la Academia de las Ciencias de Renania-Westfalia, en Düsseldorf, y desde 1975 de la Academia de las Artes de Berlín Occidental. Murió el 20 de febrero de 1982 en Jerusalén.

El texto que sigue es la reproducción íntegra de una entrevista emitida, como programa inaugural de la cadena de televisión ARD, el 20 de junio de 1976, perteneciente a la serie «Historia de la vida como historia del tiempo».

J. Dr.

La Cábala, concepción simbólica del mundo

Drews: Profesor Scholem, cuando un centroeuropeo, cuando un alemán sabe algo de la vida religiosa judía, conoce, quizá, el concepto de Torá y, a lo mejor, qué es el Talmud, y, como más, lo que es la Halajá; pero es seguro que apenas sabe nada de la Cábala. Éste es un concepto que tiene, por así decir, un aura «imprecisa», «mística», pero con el que uno se representa, en cuanto al contenido, tan sólo algo muy vago. ¿Cabe decir en pocas palabras qué es o qué fue la Cábala?

Scholem: La palabra hebrea *cábala* quiere decir *tradición*, la recepción de tradición. En sí no significa nada místico ni especialmente profundo. Es una palabra que se puede usar muy corrientemente, en el sentido de «he recibido una tradición referente a esto y aquello». Pero en el curso de la evolución esta palabra, en la Edad Media, alrededor de 1200, recibió el sentido de tradición que hace referencia a cosas divinas, a cosas secretas, a cosas profundas. La Cábala se refiere a un saber que, por una parte, como saber místico, no se puede comunicar, pero que, por otra, representa un conocimiento que, incluso en lo que tiene de comunicable, no debe sin más ser comunicado, a no ser que se tomen las cautelas que presupone la iniciación a las doctrinas secretas. La mística judía es en lo esencial teosofía: profundización en los secretos de la divinidad y de su acción respecto de la creación y el enigma de la existencia. Y un resultado importante de la investigación moderna sobre la Cábala es, precisamente, que la mística judía más antigua no vivió al margen, sino exactamente en el centro del judaísmo farisaico y rabínico, en la época en que éste se estaba constituyendo.

D.: Una tradición secreta, una tradición mística la había ya mucho antes del año 1200...

S.: Sí. Cuando hablamos de lo cabalístico en el judaísmo nos referimos al conjunto total de esas tradiciones esotéricas; en primer lugar, pues, a tradiciones que se refieren a la relación del hombre con Dios, a la experiencia mística del hombre o a la concepción mística del mundo. El conjunto total de esos fenómenos en el judaísmo es lo que llamamos, en general, cabalística. En sentido histórico y exacto, yo sólo hablaría, naturalmente, de Cábala, sólo utilizaría esta palabra o este concepto, para aplicarlo a aquel tiempo en que la palabra ya existía, o sea, a partir de 1200, que es cuando las ideas cabalísticas hicieron su aparición en Provenza, en el sur de Francia, y también en Languedoc, en la región de Narbona...

D.: ¿Y luego en España?

S.: Y luego en España, y, bajo otra denominación, también en Alemania. Se habla de Cábala alemana en la región del Rin, o de jasidismo alemán. Todo ello se contiene en el concepto global de lo cabalístico. La Cábala no es un sistema intelectual, un sistema que parta de determinadas ideas, sino un concepto global, que abarca procesos muy distintos, muy diferentes formas de pensar de distintos sistemas, en los que algunos judíos intentaron formular en símbolos cómo se entendían a sí mismos, según diríamos hoy. Hubo quienes procuraron luego desarrollar en conceptos estos símbolos, y de ello hay ejemplos muy notables. Desdc luego, es un asunto que no se puede exponer adecuadamente en una entrevista televisiva, de la misma manera que tampoco la filosofía de Hegel sería un objeto apropiado para un programa como éste. En todo caso, desde el punto de vista histórico, Cábala es el nombre que cubre todos esos fenómenos, el concepto bajo el que todos caben. Todavía el jasidismo posterior, del que en Alemania se sabe mucho gracias, sin duda, a los escritos de Buber, es una manifestación del sentimiento cabalístico del mundo, y sus fórmulas vienen a ser como una metamorfosis popular de la imagen cabalística del mundo, referidas no tanto a la relación de los hombres con Dios, como a las relaciones entre los hombres mismos...

D.: ... O a las relaciones del hombre con el mundo.

S.: Sí, desde luego a las relaciones del hombre con el mundo o del hombre consigo mismo. Los judíos no eran ateos, del mismo modo que tampoco Ernst Bloch es un verdadero ateo. Así, cuando los judíos hablan de estas cosas, Dios siempre está de alguna manera en el trasfondo. Esto es lo que yo consideraría el sentido de lo cabalístico, y, para decirlo con palabras un poco distintas y más precisas: en esencia, lo que señala a los cabalistas como un fenómeno especial de la historia del pueblo judío y del judaísmo es la concepción *simbólica* del mundo, la concepción del judaísmo como un cuerpo simbólico en el que algo inefable se vuelve visible, a saber: la totalidad del mundo, la totalidad de la revelación divina en el mundo. Los cabalistas intentaron describir su mundo de tal manera que reflejara, por así decir, el proceso vital de Dios, un proceso de revelación en el que Dios se comunica al mundo. Y este proceso, que transcurre en Dios mismo, se refleja, a su vez, en la creación. Tal concepción simbólica del mundo, que los cabalistas comparten con muchísimos místicos de otras religiones, es, a mi modo de sentir, uno de los aspectos esenciales de la Cábala. Así, pues, en el judaísmo (pasemos a hablar de él) es verdad en general que, para el místico, hay dos cosas que son esenciales: una concepción mística de la revelación, de la Torá, que de ningún modo es únicamente las letras escritas, sino una estructura orgánica infinitamente viva de símbolos que describen el mundo; y, en segundo lugar, el místico judío parte de la idea capital para el judaísmo, de la idea fundamental del monoteísmo, y vivifica a su modo, místicamente, esta idea del Dios único, al atribuir a la unidad de Dios una íntima vida secreta, una vida oculta en Dios, que se refleja en el mundo.

A este respecto, quiero referirme a un punto de mucha importancia. Y es que, dentro de estas representaciones místicas, como las de la Cábala, caben en el judaísmo posibilidades muy distintas. Por ejemplo, podemos tener, dentro de estas ideas y representaciones simbólicas, pensamientos panteístas, que absorben de algún modo el mundo en Dios; y también podemos tener formas de estos símbolos estrictamente teístas, que abren entre Dios y el mundo un abismo perfectamente claro: en ellas no hay modo de identificar al Creador con la creación. Ambas cosas caben en el dominio de las ideas místicas, no sólo en la mística cristiana y en la islámica, en las que quizá ya se sabe que el panteísmo y el teísmo se hallaron siempre en fuerte tensión. Caben también en la mística judía. En efecto, así sucede muy claramente también en el judaísmo: hay posibilidades panteístas de estos símbolos, como ocurre en la obra básica de la Cábala, el *Zohar*, el *Libro del Esplendor* de Dios, escrito en torno al año 1280; y hay luego representaciones estrictamente teístas, como, por ejemplo, en la Cábala surgida aquí, en Israel, en Safed, alrededor de 1570, que ha ejercido una grandísima influencia en el judaísmo posterior.

Isaac Luria, el más célebre de todos los cabalistas tardíos, desarrolló la idea, que la Cábala antigua sólo conocía esquemáticamente, de que Dios, al crear, se limitó a sí mismo. Ésta es una idea estrictamente teísta, un símbolo nuevo: para que pueda existir el mundo, un mundo que ya desde el principio no es Dios mismo, Dios tiene que haberse contraído; Dios ha tenido que emprender una limitación de su propia esencia, gracias a la cual surgió a la vez, en su sentido espiritual real, la posibilidad de que exista algún ser que no sea Dios. ¿Cómo podría haber existido un ser que no es Dios, si Dios no le dio la posibilidad de ser? O sea: ¿por qué no somos todos Dios? Únicamente gracias a que Dios, de alguna manera, se ha retirado sobre sí mismo para dejarnos lugar, según dice este símbolo tan naturalista. Esta idea, que en hebreo se dice *tsimtsum*, o sea, la autolimitación de Dios, es uno de los símbolos fundamentales de los cabalistas posteriores y está en profunda relación con las fórmulas simbólicas que usan, las cuales, según mi convicción, tienen a su vez que ver con la experiencia que los judíos españoles hicieron del dolor y la crueldad del exilio, que aquí se traslada a Dios mismo. Se trata de ideas que parten de puntos de vista muy distintos, pero todas son Cábala.

D.: ¿Hasta qué punto juega un papel la Cábala en el modo como hoy se comprende a sí mismo el judaísmo religioso?

S.: La respuesta a esta pregunta no va a ser directa. Para mí mismo, la Cábala significa mucho. Pero más bien habría que preguntarse qué es propiamente lo que mantuvo al judaísmo vivo y como una fuerza vital. Yo me he ocupado mucho tiempo con la cuestión de si una concepción puramente *ha-*

láquica, puramente legal del judaísmo habría estado por sí sola en condiciones de aportar suficiente vitalidad a este grupo, a este pueblo, a la comunidad judía (las palabras son indiferentes), en medio de las tormentas de la historia y en medio de las persecuciones. ¿Qué mantuvo con vida a los judíos en las tempestades de la historia? Yo creo que la Cábala desempeñó en esto un papel importante, justamente entre quienes tenían mayor sensibilidad religiosa. A éstos la Cábala les daba una respuesta, una respuesta muy impresionante y que, en parte, tuvo mucho éxito, que significó mucho para la existencia de los judíos en el mundo histórico, a saber: interpretó para ellos simbólicamente esta existencia como expresión de una realidad más profunda.

Por lo que se refiere al presente, es comprensible el interés que estas cosas, estos escritos, despiertan en nuestro país. Yo no diría que para lo que está ocurriendo actualmente aquí, en el país de Israel, siguen siendo útiles los viejos símbolos, o sea, que siguen siendo útiles para la interpretación de los acontecimientos actuales. Es muy cuestionable que estos símbolos sigan siendo efectivos, puedan seguirlo siendo, aun cuando intentemos aclararlos y comprenderlos otra vez en su contexto. Tiene esto que ver con la cuestión de si aún tenemos hoy una relación común con el sistema de coordenadas de la revelación, con la escritura sagrada, cuya autoridad se siga reconociendo como era reconocida en el tiempo en el que la Cábala pudo referirse, de manera autoritativa, a la interpretación de la escritura. Tal cosa yo creo que nos falta hoy. Pero lo que nos sigue atrayendo, o al menos a mí me sigue atrayendo a estas cosas, es la función que las ideas y los pensamientos cabalísticos, en sus muy diversas expresiones, han desempeñado en la historia judía. Esto hoy sigue interesando. En un tiempo en el que el judaísmo se espiritualizó muchísimo, a partir del siglo XVIII, y sobre todo en el siglo XIX y la primera parte del siglo XX, es natural que no se mirara con agrado aquellas expresiones de la vitalidad judía que no concordaban con la imagen humanista y racional del mundo. De ahí la aversión a las ideas mesiánicas, y de ahí también el apartamiento judío de las ideas místicas que, alrededor de 1850, no eran bien vistas ni en el mundo no judío ni tampoco en el judío. En el judaísmo que intentaba fusionarse con el mundo no judío esas ideas no se aceptaban con simpatía. Hoy la situación es muy distinta. Vemos el judaísmo como algo vivo, como una comunidad, como un pueblo que procura realizarse y busca una tarea de la que se responsabiliza. En todo esto juega un gran papel y posee su interés la historia de la tradición mística y de lo que ha significado para la vida de la comunidad judía.

D.: Entonces ¿el conocimiento de la Cábala sería hoy una parte del conocimiento de sí mismo y del proceso de definición de sí mismo de un judío?

S.: Para mí, sí.

Los bajos mundos judíos

D.: Señor Scholem, entre las aficiones que, junto a su trabajo de toda la vida investigando críticamente la historia de la Cábala y editando textos cabalísticos, ha practicado durante muchos años se encuentra la ocupación con la historia de los bajos mundos judíos. Habló usted una vez de que el contacto entre judíos y no judíos no se realizaba tan sólo en las capas elegantes de la sociedad, en los salones, sino que también tenía lugar en los sótanos, en las capas sociales ínfimas. ¿De dónde procede su interés por este tema?

S.: El interés por este tema lo he desarrollado prácticamente al tiempo que mi interés por el mundo judío superior, por la mística judía. En 1919, cuando llegué a Múnich para estudiar manuscritos cabalísticos, encontré en la Biblioteca Estatal Bávara una notable colección de escritos sobre esos asuntos, que eran las publicaciones de las actas de la época de la federación del Rin en los países renanos, referentes al hampa judía de Holanda, Westfalia, el Palatinado y también Alemania central y oriental. El fenómeno, sin embargo, había sido importante sobre todo en Alemania occidental, donde en la época de la Revolución francesa, al deshacerse el antiguo estado de cosas, tales asuntos se habían ido intensificando muy especialmente. Pero se me hizo claro que tenían raíces mucho más antiguas. Los judíos, efectivamente, se comunicaban con el entorno no judío no sólo en los elegantes salones intelectuales, sino también en el estrato ínfimo de la sociedad, y había cómplices y ladrones judíos, gentes del hampa. Eran judíos una parte de las bandas de forajidos, como se ve en *Los bandidos* de Schiller y el personaje Spiegelberg, el ladrón judío.

En mis tiempos de Múnich leí con bastante atención todo aquel material y me interesó mucho, y así se me iluminaron cosas que en las obras sobre la historia judía prácticamente no aparecen. Y por razones comprensibles. La propaganda antijudía ya era suficientemente intensa como para que los escritores judíos se sintieran movidos a estimularlas aún más escribiendo sobre el hampa judía. Pero las actas que acerca de ella se publicaron son muy interesantes, sobre todo las que van de 1750 a 1860. Hasta hoy no han encontrado en la bibliografía científica tratamiento adecuado, a pesar de que el hampa judía ha llegado a ser luego mucho más fuerte, no sólo en las regiones de habla alemana, sino en el Este y, después, en América.

Ya se entiende que hay problemas para llegar a tratar estas cosas como aún se debe llegar a hacerlo. El elemento judío en el mundo del gangsterismo fue asunto muy serio y grave para los judíos americanos; algo que no se podía obviar: un problema de gran magnitud. Con todo, la participación judía en organizaciones dedicadas al bandidaje se dio ya desde el siglo XVI, y sobre todo en los siglos XVII y XVIII. Tal comunicación entre judíos y no judíos en los sótanos de la sociedad encontró expresión en el hecho de que la jerga del hampa alemana era en lo esencial *ídish*, judío. Todo el submundo la hizo suya, sencillamente como lengua secreta, y precisamente los elementos hebreos del *ídish* que hablaban los judíos fueron aceptados con especial gusto a modo de palabras en código, por el hampa no judía, como esos lenguajes con los que se comunican entre ellos los presos...

D.: ¿Como pasa con el *rotwelsch*, con la germanía, por ejemplo?

S.: Sí, el *rotwelsch* es, en parte considerable, *ídish*. Su vocabulario consta de elementos que no proceden del alto alemán medieval o de la modernidad temprana de los siglos XV y XVI, sino, casi siempre, dcl hebreo, cuando no se trata de términos gitanos. Esas palabras hebreas proceden, pues, de los judíos con los que el hampa tenía comunicación, a su vez provenientes de los estratos sociales más bajos del gueto, y se introdujeron en el alemán o se desarrollaron más adelante en él. El director de la policía de Lübeck, Friedrich Avé-Lallemand, escribió, unos años antes del nacimiento de Thomas Mann, el libro más famoso sobre la germanía alemana, que en dos de sus cuatro tomos representa el primer tratamiento científico que ha habido del *ídish*. Una obra extraordinaria, de la que existe una reimpresión del tiempo de la Primera Guerra Mundial. La historiografía judía no gusta de citarla e incluso fue atacada por antisemita, cosa que carecía de toda base. El autor, aquel director de la policía, era una excelente persona, lo cual no se puede decir así, sin más, de todos los directores de la policía...

Sigue hoy faltando un estudio científico del problema de la clandestinidad judía, tanto en el ámbito de habla alemana cuanto en el americano, donde ahora sería cosa urgente de hacer. El único ensayo de que disponemos, el libro de Heinrich Glanz, no se puede leer.

D.: En la historia de las conexiones entre el judaísmo y el hampa o los gángsters ¿hay propiamente constantes sociales, razones constantes, o se trata de algo que se presenta cada vez de una forma distinta, según las diferentes constelaciones sociales en las que se da?

S.: No creo que sea cosa que haya tenido razones siempre distintas, pues la posición social de los judíos era, ciertamente, bastante constante, de modo que determinados estratos no se podían pasar sin comunicar con la capa ínfima de la sociedad alemana, ya se tratara del vagante medieval o del hermano trotamundos. Era un proceso muy natural que las clases o los grupos que menor resistencia moral ofrecían dentro de la sociedad no judía o dentro de la sociedad judía (por razones de miseria o psicología, porque esto es algo que jamás se puede poner del todo en claro), era muy natural, digo, que tales elementos vinieran a coincidir. Siempre se supo de cómplices judíos y siempre se recurrió a judíos que hicieran este papel, y hubo por ello siempre graves problemas. Las comunidades judías intentaron impedirlo persiguiendo, por su parte, a la gente que se prestaba a ello: proscribiéndolos, cuando los descubrían. Y no creo que en lo esencial se haya variado mucho, a lo largo de la historia, en esta cuestión, menos por lo que hace a un punto: mientras que al principio esta clase de comunicación consistía en que los bandidos o los rateros se ponían en contacto con judíos que los encubrieran, a fin de colocar debidamente la mercancía, más adelante hubo elementos judíos que se asociaban directamente a las bandas cuando éstas se formaban. Por los documentos que poseemos, tal cosa se conoce desde fines del siglo XVII. Se han publicado casos célebres, como, por ejemplo, el del judío Jonas Meier. En el siglo XVIII había judíos que se integraban directamente en las bandas o que eran sus jefes.

D.: Usted contó una vez que en Polonia o en Prusia occidental había pueblos que prácticamente sólo constaban de miembros de bandas.

S.: Tan redondamente no puede afirmarse. Sabemos de una comunidad judía en la comarca de Posen a la que nadie gusta nombrar y sobre la que hay escrito un libro entero: un informe de la policía. Fuera del rabino, la comunidad al completo estaba formada por ladrones. Quiere decirse que no robaban en su propia ciudad sino, claro está, en cualquier otra. Por regla general, las bandas no actuaban allí donde residían. En su ciudad eran gente apacible, artesanos inofensivos, etc. Para salir de rapiña, se ponían de acuerdo en dirigirse a otros sitios. Era algo que se veía favorecido por el sistema territorial alemán, con sus microestados y sus dominios aún menores, pertenecientes a algún barón imperial. Los maleantes se establecían en un pueblo o una pequeña ciudad perteneciente a uno de estos barones, los cuales, por cierto, mantenían a estos judíos en sus pueblos; justamente los caballeros imperiales tenían interés, por razones financieras, en mantener a judíos, y les prestaban protección. Y luego salían para robar a otras comarcas, quiero decir aquellos que eran bandidos. Así es como existió la comunidad a la que antes me refería, sobre la que sabemos mucho gracias a la investigación para los autos del proceso, en los años treinta del siglo pasado. Y hubo comunidades, no en Alemania, sino en Eslovaquia, en Hungría, que tenían fama, en boca de la gente, de que constaban, en parte notable, de semejantes elementos. Hubo en Hungría una comunidad judía muy famosa que tenía renombre de tal, a la vez, por otra parte, de poseer rabinos muy célebres. Hay muchos chistes y anécdotas judíos acerca de esta comunidad.

D.: ¿Podría decirse que para estas dos actividades hacía falta mucha inteligencia?

S.: No lo sé, porque en esta materia no tengo competencia para juzgar. En cualquier caso, es una falsificación de la problemática real entre judíos y no judíos pasar por alto este aspecto de su vida en común y no querer ver más que las relaciones entre los representantes más excelentes de ambos lados. Todas estas relaciones sobre las que se escribe tanto y con tanto gusto, todo lo que se refiere a la participación de los judíos en la cultura alemana, es gran verdad; pero sucede que no existían sólo los salones, sino también los sótanos.

D.: ¿Me permite volver a esa pequeña ciudad de la que ha dicho usted que fue famosa debido a la actividad a que se dedicaban sus habitantes? ¿Sabían los rabinos qué clase de comunidad tenían ante ellos?

S.: No sabría decirle. No lo sé. Es difícil decir eso. No poseemos ninguna memoria escrita por aquellos rabinos que actuaron allí, muchos de los cuales eran muy conocidos. Sólo sabemos lo que dicen los chistes célebres sobre aquella ciudad húngara.

D.: ¿Por ejemplo, la historia de la llave del armario donde se guardaban los rollos de la Torá?

S.: La famosa historia según la cual en el Yom Kippur se quiso abrir el armario de la Torá para sacar los rollos, pero pasaba algo con aquel armario, que no se abría. Entonces, el rabino se volvió a la comunidad y dijo: «¿No tendrá casualmente alguno de los distinguidos miembros de esta comunidad su ganzúa encima?». Hay otro cuento parecido, en el que un rabino está predicando en esta famosa comunidad su discurso de toma de posesión y dice: «Distinguidos miembros, os extrañaréis de ver que uno al que habéis conocido siendo tan pequeño, esté hoy entre vosotros tan alto. La explicación es que cuando hablo en otro sitio me pongo sobre un versículo de la Escritura, pero entre vosotros prefiero ponerme sobre mi baúl».

D.: ¿Piensa usted que podría levantarse lentamente el tabú sobre este asunto como tema que investigar?

S.: Podría levantarse el tabú, y ello contribuiría grandemente, sin duda, a la historia social de las relaciones entre el mundo judío y el no judío, también en lo que concierne a Europa oriental y a América. Es evidente que un proceso como la emigración de millones de personas del Este a América (y entre las mayores dificultades: eran gentes que se levantaban, con su trabajo, desde la peor de las miserias) hubo de contener elementos que pasaron al mundo clandestino como vía para el ascenso social.

D.: Operar en el hampa para elevarse socialmente, sólo que, claro está, con medios ilegítimos.

S.: Desde luego que sí. He pensado siempre que la consideración desprejuiciada en la que los judíos se libren de la apologética a favor de ellos mismos crearía una situación conveniente para que se llevaran a cabo fructíferas investigaciones de esta índole. Hubo en *ídish* dos o tres escritores que se ocuparon profundamente con estos asuntos y escribieron sobre ellos en *ídish*, por ejemplo, sobre el hampa de Vilna. Tenemos unas cuantas publicaciones muy interesantes, de los años posteriores a la Primera Guerra Mundial: ciertos libros que se publicaron en Varsovia y, en parte, también en Buenos Aires, acerca del hampa de Varsovia y de Vilna, o sea, de dos de los mayores centros judíos, famosos por su ambiente intelectual (acerca del cual también se ha escrito, sólo que saltándose casi por completo su reverso).

D.: Seguramente que en los Estados Unidos estas investigaciones o su publicación tropezarán todavía con dificultades...

S.: En América no se ve estas cosas con buenos ojos.

D.: ¿Porque desencadenarían reacciones de antisemitismo?

S.: Las organizaciones judías, comprensiblemente, no gustan de financiar tales investigaciones. *Murder incorporated...*

Walter Benjamin

D.: Señor Scholem, en 1975 apareció en Alemania un libro suyo, titulado *Walter Benjamin. La historia de una amistad*[1]. Usted conoció a Benjamin ya antes de la Primera Guerra Mundial y después, hasta 1923, o sea, hasta que marchó a Palestina, mantuvo con él

1. Traducción española de J. F. Yvars, Península, Barcelona, 1987.

un contacto muy frecuente y estrecho. ¿Qué fue lo que en aquellos tempranos años le unía con Walter Benjamin?

S.: Cuando conocí personalmente a Benjamin, en el verano de 1915, y hacia el final de la Primera Guerra Mundial, nos unió el común interés en tratar de filosofía. Yo me abría entonces a ella, y Benjamin me aventajaba en que traía ya consigo varios años de serios estudios filosóficos. Luego, cada vez más, nos unió el interés que Benjamin se tomó en mi apasionada actitud a favor de la renovación del judaísmo dentro del movimiento sionista. Mis intereses judíos contagiaron a Benjamin, que se mostró también muy interesado por tales asuntos. Sobre ellos mantuvimos un diálogo muy intenso.

D.: ¿Qué intensidad alcanzaron las lecturas que Benjamin hizo realmente entonces en los dominios, de la historia del judaísmo y la mística judía?

S.: No diría yo que sus lecturas alcanzaron gran intensidad. Las hizo, efectivamente, durante un tiempo, bajo mi influencia o por recomendación mía. Sobre todo en 1916-17 y más adelante, hubo períodos en que se dedicó a tales lecturas. Pero los diálogos que teníamos probablemente le transmitieron oralmente más, porque su trabajo real con los materiales de la tradición judía y las ideas judías no fue ni especialmente detenido ni muy profundo. Mucho de todo ello le llegó oralmente, en conversaciones sobre lo judío en general, ya que, en un principio, no tratábamos en absoluto de la Cábala. Verdaderamente al estudio del elemento propiamente místico en el judaísmo y a la Cábala yo sólo decidí dedicarme en 1919, cuatro años después de haber conocido a Benjamin. En los últimos años que pasé en Alemania, desde fines de 1919 hasta el otoño de 1923, tuvimos, desde luego, comunicación sobre estos temas; pero no diría que en un principio le atrajeran a él precisamente los problemas de lo místico judío. Le fascinaba la cuestión de lo que fuera verdaderamente el judaísmo, porque se sentía fuertemente judío. No tenía sobre ello duda alguna. Siempre tuvo un fuerte sentimiento judío, hasta el final, lo que a Brecht le molestaba mucho.

D.: ¿El problema era para él qué debe ser en concreto el judaísmo, cómo hay que vivirlo en concreto, por decirlo de alguna manera?

S.: Sobre ello no tenía Benjamin una idea demasiado concreta, dado que, en este problema, todos nos encontrábamos inmersos en una transformación. Yo también lo estaba, porque pensaba que había que ponerse a investigar para saber qué elementos del judaísmo se habían conservado más vivos. Era éste un problema que me ha ocupado toda la vida. Diría que, por lo que hace a lo judío, Benjamin tenía una actitud más bien receptiva, pasiva, pero siempre bajo la clara conciencia de su naturaleza verdaderamente judía, sobre la cual de vez en cuando expresaba en nuestros diálogos algunos pensamientos a propósito de determinados temas. A veces, en sus escritos, también deja caer ciertas insinuaciones en el mismo sentido. Por otra parte, acogió en su pensamiento categorías de la tradición judía, como puede verse en su trabajo sobre Kafka y otros temas, donde sus estimaciones se apoyan en categorías judías.

D.: Quiere usted decir que hay escritos suyos acerca de los cuales, en medida grande pero variable, sólo cabe acercarse a su interpretación detallada y su comprensión adecuada si se reconoce en ellos tales categorías judías.

S.: Sí. Pienso que Benjamin tenía, por ejemplo en sus ideas sobre filosofía del lenguaje o sobre ética, muy poderosas tendencias judías y mucha simpatía por pensamientos y argumentos judíos. Naturalmente, ya antes de que yo lo conociera tenía sus propias y muy subjetivas expectativas acerca, por ejemplo, de lo que debía pensar sobre lo judío, sobre el profetismo, sobre el mesianismo. Estos asuntos aparecen ya en sus primeros escritos, que son anteriores a nuestro mutuo conocimiento. Se ocupó con estas cuestiones no como temas judíos en especial, sino como cuestiones generales, sólo que poseían para él un índice fuertemente judío justamente en su modo de ser desarrolladas. ¿Qué es, por ejemplo, la justicia? ¿Qué es la tradición? Se trata de categorías que han jugado un papel especial en la tradición y el pensamiento judíos. Benjamin no trabajó directamente sobre estos problemas. Sólo lo hizo una vez, y justamente aquel trabajo no se publicó como debía. Me refiero a que escribió el largo artículo sobre «Los judíos en la literatura alemana», que se correspondía tan poco con lo que esperaban los redactores de la gran *Enciclopedia Judía* que se publicaba en Berlín, que lo hicieron «reelaborar» por un rabino y por Nahum Goldmann (cuyo nombre seguro que le es a usted conocido; era por entonces un hombre joven), para que se acomodara algo más a lo que esperaba la burguesía judía. Con ello, Benjamin no se reconocía a sí mismo en aquel ensayo. Fue la única vez en que se encargó directa y oficialmente de un tema judío, debido a que ya en aquella época se había hecho famoso como crítico de la revista *El mundo literario*. Aquel producto de su pluma nunca apareció en la forma en que él lo había escrito, y, hasta donde alcanzan mis conocimientos, no se ha conservado.

D.: ¿Cree usted que ciertas categorías intelectuales judías siguieron siempre ejerciendo poderosa influencia en él y que continúan fundamentalmente presentes incluso en sus escritos tardíos, en los que llamaríamos de inspiración marxista?

S.: Sí. Lo formularía yo así: a Benjamin le gustaba mucho emplear categorías teológicas judías en la forma en que las halló en escritos filosóficos judíos, como, por ejemplo, en los de Franz Rosenzweig. Tales categorías, por ejemplo las categorías e ideas que tanto empleó al principio: revelación, redención, mesianismo, fueron desarrollándose a lo largo de su propia evolución, de tal modo que, por ejemplo, «redención» no implica sólo liberación social, sino algo más. La palabra «redención» deja resonar algo más que la mera dicha social humana. Es verdad que en sus escritos últimos Benjamin intentó equiparar estos dos elementos de este concepto. Naturalmente, muchos lectores y muchos amigos observaron que el modo en que utilizaba la palabra «redención», por ejemplo, no quería decir tan sólo la emancipación social, sino más bien, como la usa Bloch, ocurría que Benjamin se representaba con ella algo más; que no había duda de que unía al concepto de redención un sentido, un, por así decir, sonido concomitante que iba mucho más allá del factor meramente social. Él se daba perfecta cuenta de esto, como también lo hacía, por ejemplo, Brecht.

D.: Efectivamente, en el *Diario de trabajo* de Brecht se encuentra esta anotación de julio de 1938 acerca del ensayo de Benjamin sobre Baudelaire: «Todo mística, cuando está contra la mística. ¡Vaya una adaptación de la concepción materialista de la historia! Es bastante siniestro».

S.: Eso es: «mística, cuando está contra la mística». A Brecht le molestaba mucho el modo en que empleaba «redención» y otros conceptos afines a éste. Como es natural, gente del tipo de Ernst Bloch o Walter Benjamin, que empleaban con radicalidad la terminología mesiánica, no eran del agrado de algunos que estaban en el marxismo. Éstos se esforzaron al máximo por eliminar, al interpretarlos, tales elementos. Así ocurre incluso con Jürgen Habermas, quien también ha procurado interpretar este asunto equiparando esos conceptos benjaminianos con términos puramente sociales. Yo no creo que este intento se corresponda con la posición real de Benjamin, como quiere, por ejemplo, Habermas en el artículo titulado «Walter Benjamin: crítica conscientizadora o crítica salvadora»[2].

Precisamente lo notable es el hecho de que la «redención» jugó en Benjamin hasta el final un papel. Desde el principio la idea mesiánica le impresionó sobremanera, le fascinó, influyó en sus categorías intelectuales. Pensó durante años también sobre la «revelación», aunque esta categoría desaparece en sus escritos tardíos. Por así decirlo, la «revelación» se vuelve invisible, mientras que la Ley sigue estando y no estando, o está presente de tal manera que ya no se sabe qué es. Y es que Benjamin nunca se desprendió por completo de ellas. La cuestión de lo que haya que entender por «revelación» aún se encuentra, como un problema, en alguna de sus reflexiones tardías, sólo que de forma indirecta, sin que aparezca ese concepto. Va a una, hasta el final, con sus ideas sobre la filosofía del lenguaje. Pues en la filosofía del lenguaje de Benjamin, por decirlo burdamente, no se consiguió nunca de veras reducir a común denominador la teoría mística del lenguaje y la teoría materialista. Procuró relacionarlas, y decía que aún no lo había logrado del todo; pero no estaba dispuesto a abandonar enteramente la teoría mística del lengua-

2. Traducción española de M. Jiménez, en *Perfiles filosófico-políticos*, Taurus, Madrid, 1975, pp. 297-333.

je a favor de una teoría de él puramente materialista, que no admite en absoluto categorías originales espirituales que se desarrollen fuera de la superestructura social. Sigue siempre habiendo una tensión en este problema, bien visible, por cierto. Todavía en las notas de sus últimos años, cuando era plenamente marxista, Benjamin no dudaba en hablar del nombre de Dios como fundamento del lenguaje. Desde luego, semejante concepto no hay modo de subordinarlo a las categorías marxistas, pero tiene sentido, en cambio, dentro de un curso de ideas que tiene como punto de mira la «revelación».

D.: ¿De dónde procede, entonces, en su opinión, su giro hacia el marxismo, hacia el materialismo histórico? ¿No tuvo que ver con el hecho de que Benjamin reconocía algo así como que también el hombre de ciencia aislado tenía una responsabilidad social e histórica inmediata? ¿No consideraba que la actividad de sus colegas, los científicos de la literatura y los críticos literarios de su tiempo, transcurría en el vacío? ¿No tenía poderosos aspectos éticos su intento de acomodarse al pensamiento marxista, a una teoría marxista de la historia?

S.: No me atrevo a decidirlo. No considero imposible lo que dice usted, pero no estoy seguro de que fuera así. No me parece que dispongamos, por otra parte, de pruebas que contesten inequívocamente su pregunta. En principio, de la teoría marxista o del marxismo no fue precisamente la teoría lo que lo fascinaba. Ésta es la paradoja que quienes escriben sobre Benjamin antes oscurecen que aclaran. Lo que primariamente le interesaba a Benjamin del marxismo era la praxis.

D.: ¿Y qué cosa de esta praxis?

S.: No la praxis de los bolcheviques de aquellos años. Piense usted que estamos poco después de la muerte de Lenin, en la época en la que Trotski, antes de su caída, conservaba una posición de preeminencia. Fue entonces, de 1924 a 1926, cuando Benjamin entró en contacto con todo ello. En sus formulaciones de aquellos años Benjamin se refiere siempre no tanto al marxismo cuanto, más bien, al bolchevismo, a su praxis revolucionaria, unida al desarrollo de ciertas ideas materialistas. En aquellos años no le importaba nada la teoría marxista, e incluso dejó anotado que esta teoría carece de sentido. La praxis marxista, en cambio, era algo con lo que esperaba poder converger de alguna forma con sus ideas, de proveniencia teológico-anarquista; esperaba que hubiera un punto común de fuga que, a su vez, confiaba en poder llegar a formular. Llegó a anunciar, en todo caso, que lo había formulado, aunque en realidad no lo consiguiera.

D.: ¿Quiere esto decir que, por razones que habría que discutir, no veía ya perspectiva alguna para la sociedad burguesa y entonces, evidentemente, sólo hallaba posibilidades en una nueva perspectiva que daba a algo que quizá se anunciaba en la praxis del bolchevismo, pero que habría habido que formular teóricamente de un modo completamente distinto?

S.: Es posible que fuera así. Pero yo diría que las experiencias que pudo y tuvo que hacer en persona un hombre como Benjamin, las experiencias de la inflación en Alemania y el fracaso de sus empeños burgueses por conseguir entrar, como profesor, en la vida universitaria, no hay duda de que influyeron profundamente en él.

D.: Extrapoló aquellas experiencias y las vio sobre el trasfondo de la evolución global de la burguesía de la época.

S.: Así lo hizo luego, esencialmente después. El *shock* original, en estos problemas, no hay duda de que lo recibió cuando se hundió el estado de cosas burgués en los años de la inflación alemana, entre 1920 y 1923. La importancia de aquellos acontecimientos para quienes los vivimos apenas puede ser captada ni por aproximación por la generación actual. Aquel modo de hundirse en esos años las relaciones humanas y sociales... Quien no lo vivió, apenas puede entenderlo. En la literatura, en el propio Benjamin, se ve que los escritores no conseguían penetrar en aquellos fenómenos y hacer claridad en ellos. En el caso de Benjamin hay que añadir el fracaso universitario. Realmente, en él la comprensión de los fenómenos espirituales con la ayuda de los ensayos de interpretación marxistas sólo se da a partir del instante en que entra en contacto más estrecho con Brecht, o sea, desde 1929. Sus manifestaciones marxistas entre 1924 y 1929, aquellas que podemos comprobar, son embrionarias, tanto en sus escritos como en sus anotaciones. No dan muestras de ninguna sistematicidad. Y es que no tenía tendencia sistemática alguna a propósito de estos temas. Le aseguro que leyó de *El capital* fundamentalmente lo que han leído todos los intelectuales y lo que, relativamente, menos tiene que ver con el aspecto económico del marxismo, o sea, el famosísimo capítulo, tan especial por todos conceptos, sobre el «Carácter fetichista de la mercancía». Ése es el capítulo que, con mucho, mayor impresión ha hecho sobre los intelectuales y el que les ha llevado a convertirse al modo marxista de ver las cosas. Las analogías que en él encuentra Marx entre la mercancía y el fetiche y lo que allí dice sobre estas analogías es un curso de ideas que encontramos una y otra vez en Benjamin y que muestra que había digerido aquel capítulo. Lo cual es muy característico, porque no es verdad sólo sobre él, sino también sobre otros que apenas se interesaban por los temas de teoría económica propiamente dichos, como la plusvalía. Tampoco lo hacía Benjamin. Sus consideraciones sobre filosofía de la historia iban mucho más allá y se referían a asuntos muy diferentes.

En seguida se le planteó el problema sobre el que nunca llegó, por más que lo discutió, a una posición perfectamente clara, a saber: ¿significa «marxismo» o «marxista» aceptar que hay relación directa del proceso de producción sobre los fenómenos espirituales? ¿O quiere decir «marxista» que ciertos procesos o ciertos fenómenos superestructurales sólo pueden ocurrir gracias a la totalidad que los engloba a ellos junto con lo infraestructural? En Hegel se habla de totalidad; en Adorno, de «totalidad de la sociedad». «Totalidad de la sociedad» era un concepto que apenas si aparece en Benjamin, por lo cual se permitía éste cierta interpretación grosera, tajante (por la que Adorno le censuró), de los fenómenos espirituales (Baudelaire y su poesía, Goethe y su poesía) relacionando directamente superestructura e infraestructura. Esto lo atacaron en él marxistas hegelianos como Adorno. Benjamin fue un marxista auténtico; pero los marxistas aún más auténticos, como Adorno, que se sabía muy bien a Marx, mucho mejor que Benjamin, no lo aceptaron. Benjamin era más original. No era un buen hegeliano. Hegel no iba con su modo inmediato de ver las cosas. No especulaba en categorías como las de la *Fenomenología del espíritu*, pero acertó a intentar establecer relaciones directas entre la superestructura y la infraestructura. En mi opinión, los marxistas que procuran lograrlo gracias a la mediación de la «totalidad de la sociedad» se mueven en una categoría que lleva plenamente a la falta de todo suelo. ¿Qué es propiamente, cuando se la analiza de veras y de cerca, la categoría «totalidad del proceso social»? Quisiera que alguien me lo expusiera. La categoría «totalidad de la sociedad» pierde su carácter científico, priva al marxismo de la dignidad de ciencia: es una palabra tras la cual puede uno hacer cualquier cosa, porque no hay modo de atraparla. Semejantes ensayos desembocarán siempre en lo puramente especulativo, que no era precisamente lo que a Benjamin le importaba. Él procuró practicar el marxismo sin referirse a esta categoría, y esto lo tomaron a mal sus amigos marxistas.

Yo, por mi parte, he renunciado toda mi vida a los análisis marxistas, porque para comprender los fenómenos superestructurales no me puedo prometer nada de algo que vaya más allá de los análisis de Max Weber, que no tienen nada de marxistas. Hoy, en 1976, pasan por marxistas muchas cosas que son puro Max Weber y que pueden todas desarrollarse partiendo de las categorías de Weber. Éste fue un investigador que relacionó del modo más serio (quizá no convincentemente, pero con seriedad, de manera discutible y capaz de someterse a control) procesos sociales y fenómenos espirituales, en el intento de aclararlos. Los trabajos de Weber en sociología de la religión, por ejemplo el modo en que deduce que la profecía de Israel, el surgimiento del judaísmo, tiene fundamentos sociales, me suscitan muchísimas dudas; pero puedo comprobarlos. Los escritos marxistas, desde el momento en que emplean categorías como las mencionadas, ya no puedo comprobarlos. No fue azar ninguno que Benjamin no recurriera a esta categoría de la totalidad, de alguna manera claramente captable, en los ensayos que realizó, ni siquiera en sus análisis tardíos.

D.: Lo que a usted lo separó de Benjamin fue, en cualquier caso, que él giró hacia el marxismo, por las vías que fuera y con mayor o menor resolución. Y el segundo motivo fue, sin duda, que Benjamin, a pesar de su interés por el judaísmo y a pesar de su judaísmo, no llegó tan lejos como para hacerse sionista. Éstos fueron asuntos que tuvieron un papel en las discusiones entre ustedes a partir de mediados de los años veinte. Al final, incluso cuando corría ya peligro físico, no se fue a Palestina.

S.: Es muy difícil penetrar en las razones de ello, tanto para mí como, desde luego, para los demás. Benjamin nunca eliminó la posibilidad de venir a Palestina: hasta el final la dejó abierta. La consideró con la suficiente seriedad como para hacer, en concreto, diversos preparativos en este sentido. Es evidente que no vino. Me sorprende menos de lo que otros me atribuyen, porque siempre pensé que Benjamin, que tenía una fuerte conciencia judía, también, al mismo tiempo, tenía la conciencia de un hombre que es extraño a la sociedad, a *toda* sociedad. Era, como he dicho, un hombre que venía de lo extraño, del mismo modo que Freud y Kafka fueron hombres que permanecieron extraños a la sociedad en la que vivieron. Probablemente, ni Freud, ni Kafka, ni Benjamin habrían podido hacerse a la vida de aquí. En el genio de cada uno de los tres había algo que los vinculaba a ella. También Kafka quiso venir: sus cinco últimos años jugó con la idea de marchar a Palestina en cartas, en conversaciones con amigos; pero era un juego.

D.: ¿También Benjamin, en definitiva, sólo «jugó» con esta idea, en un sentido bien tajante?

S.: No lo sé. Nadie lo sabe. Creo, sin embargo, que no, porque, en otro caso, no me habría propuesto que deseaba venirse para escribir un libro sobre Kafka, para producir un trabajo que habría de ser enteramente independiente del Instituto de Investigaciones Sociales. Que tal proyecto no era cosa de juego lo testimonia la carta que me escribió acerca de Kafka en 1938, cuyo destino era irle facilitando tal trabajo.

D.: Eso fue en 1938; pero ciertos preparativos para venir y, luego, la renuncia a hacerlo ya tuvieron lugar al final de los años veinte.

S.: Esos preparativos fueron arruinados, y no me cabe duda, por Asja Lacis. Se jactó (con razón, en el sentido en que lo decía) de haberlo impedido. Pero no en 1924. Eso es absurdo, porque en 1924 él no tenía intención de venir. La tuvo sólo en 1929, y después abandonó la idea porque tropezaba con obstáculos. Si hubiera venido, habría seguido siendo un extranjero, un hombre que viene de lo extraño. Aunque quizá, siendo así que los idiomas no se le daban bien, si se hubiera introducido más en el hebreo, como yo, mal que bien, lo he hecho, habría tomado otro rumbo.

D.: ¿Podría decirse que estaba en tan estrecha relación con el ámbito cultural europeo y, sobre todo, con la cultura francesa, que sabía que su productividad espiritual toda dependía de que se quedara en Europa, de modo que le era imposible partir de ella?

S.: Eso lo sabía él menos que yo. Le escribí una larga carta (puede usted leerla impresa) en la que le decía lo que acaba usted de decir. «Sólo harás siempre meros intentos de venirte... ¡Estás intentando convencerte a ti mismo!». Estas palabras las escribí dos años después del encuentro en París con Magnes, cuando Benjamin explicó de un modo enormemente impresionante hasta qué punto deseaba introducirse en lo judío y en el hebreo. Tanto fue así que Magnes se preocupó realmente de proporcionarle la posibilidad de estar aquí un año y aprender la lengua, con la perspectiva de que lo contratara la universidad como profesor de literatura alemana. Se llegó a reunir informes favorables de algunos profesores, en orden a esa contratación. Sin embargo, supe que no vendría antes incluso de que lo supiera él, como puede leerse en nuestras cartas. Era para él menos clara que para mí la radicalidad de la decisión ante la que se hallaba.

D.: ¿No era él, fundamentalmente, muy poco amigo de decisiones, un hombre que no gozaba en tomarlas, un hombre profundamente dubitativo?

S.: Era, en efecto, un hombre enormemente dubitativo. No le gustaba tomar decisiones en asuntos que requerían de él una resolución inmediata. Sólo se decidía cuando no tenía más remedio, o sea, influido por circunstancias externas. Sin ese impulso exterior, no se habría separado tampoco de Dora, su mujer. Si no se hubiera separado de ella, quizá habría salvado la vida, porque su mujer tenía una habilidad extraordinaria para las cosas cotidianas: estaba plantada en el mundo de un modo completamente distinto a como lo estaba Benjamin. No era una metafísica. Él sí era un metafísico, un verdadero metafísico. Sus pies en realidad no pisaban este mundo. Yo diría que los aspectos prácticos de su vida estaban marcados por un extraordinario desconocimiento de lo que es el mundo.

Sionismo y estado de Israel

D.: Por cierto que, al principio, para el sionismo era enteramente irreal e inesencial la cuestión de si podría un día surgir en Palestina un estado judío. En algún momento, en los años treinta, hubo de variar algo en el sionismo. Fue entonces cuando se empezó a considerar la fundación de un estado para antes de lo que al principio se pensaba, ¿no es así?

S.: Efectivamente. No es, desde luego, que el fenómeno Hitler fundara el sionismo: el sionismo es un movimiento de renovación de lo judío que creció desde dentro; una rebelión contra seguir languideciendo o seguir, simplemente, viviendo en las viejas formas. Con todo, el fenómeno Hitler, ya antes del aniquilamiento de los judíos, ya antes del asesinato de judíos de los años cuarenta, había surtido efecto, en la medida en que se hizo evidente que la situación histórica había cambiado. Tuvo que ver con la propaganda creciente de los nacionalsocialistas en el Oriente Próximo y con la creciente simpatía con Hitler de los árabes, que eran enemigos de los judíos. Esta simpatía fue muy fuerte, enormemente fuerte. Es esto algo que ahora se oculta, que procura olvidarse en la medida de lo posible; pero entonces fue un factor que hizo aquí la situación extraordinariamente grave. Hubo, además, en los años treinta una fuerte inmigración judía, que dio a esta tierra un rostro nuevo, porque no vinieron sólo en ella unos cuantos idealistas sionistas, sino grandes multitudes que decían que ya estaba colmada la medida en lo que se nos hacía en Europa o en Alemania y que no querían irse a América ni a ningún otro país, a Holanda o a Francia. Terminemos con esto de una vez, por favor, decían. Es evidente que los sionistas tenían razón en sus análisis, de modo que aquí venimos ahora, al lugar al que más pertenecemos: a Palestina.

D.: Pero ahí estaba el problema: que también había árabes en este país.

S.: En efecto, ahí estaba el problema. Y la solución del contencioso judeo-árabe sigue hoy sin avistarse, y se encontró en esta situación desde el momento en que surgieron las tensiones, a partir, digamos, de 1936. La cuestión del estado se agudizó con ocasión del informe de la Royal Commission que aquí se reunió en 1936-1937, o sea, una comisión del gobierno británico que propuso la partición en un estado judío y otro estado árabe. Esta partición fue aceptada por los sionistas pero rechazada con irritación por los árabes. De ahí procede el conflicto.

D.: En lo que hace a la situación actual, a mediados de los setenta, las manifestaciones del gobierno israelí acerca de la Franja Occidental ocupada son más bien imprecisas, pero lo que sí es firme es lo referente a Jerusalén o, más bien, a la Ciudad Vieja de Jerusalén: ha de permanecer indivisa y en el estado de Israel.

S.: El acceso a la Ciudad Vieja, al menos el *acceso*, sobre todo a los lugares religiosos, al Muro Occidental del Templo, tiene ya importancia para el judaísmo como tal. Lo que ocurre es que el judaísmo rabínico posee el concepto de lugares sagrados tan sólo hasta cierto punto. Pero Jerusalén desempeña una gran función simbólica, ¿no?, como también la tiene el concepto de Sión. Es un símbolo.

D.: Un símbolo que va, pues, más allá de lo religioso en sentido estricto, del mismo modo que también Palestina ha sido importante, en un sentido amplio, para los judíos de todo el mundo en el pasado. Sin embargo, el argumento religioso viene a vaciarse casi de su sentido cuando determinados grupos de judíos dicen que es muy importante poder rezar en el Monte del Templo o en el Muro Occidental del Templo.

S.: La tradición de los judíos ha sido siempre, o lo ha sido durante muchos años, rezar en el Muro Occidental. Al principio se rezaba en el Monte de los Olivos; luego, cuando los conquistadores extranjeros lo prohibieron, en el Muro Occidental, que llaman los cristianos «Muro de las Lamentaciones» (una expresión que no es judía: en hebreo se llama Muro Occidental). Se ha rezado allí desde hace mil doscientos años, según testimonian tradiciones concordes en este dato.

D.: ¿Se trata, entonces, de una parte de la práctica de la religión judía?

S.: Yo diría que las actuales discusiones sobre las oraciones en el Monte Sión o en el Monte del Templo o, dicho con más precisión, en el terreno del Templo de los musulmanes, que es para ellos un lugar sagrado, todas estas oraciones sobre las cuales se discute, las considero un acto completamente inútil, provocativo y sin ningún valor religioso.

D.: Si nos situamos en el punto de vista de los árabes, podrían ellos decir con razón: ¿por qué tenemos nosotros, en lo que hace al entero conflicto de Palestina, o por qué tuvimos que dar una parte de Palestina a gentes que hubieron de huir de persecuciones en las que nosotros, los árabes, nada tenemos que ver, porque ocurrieron en Europa? ¿Por qué tenemos nosotros que cargar con las consecuencias? En esto está uno de los problemas históricos.

S.: Sin duda, ése es un gran problema histórico. Estoy convencido, por otro lado, de que en el caso del problema judeo-árabe, sin duda las dos partes poseen buenos argumentos. El problema surgido con los monstruosos acontecimientos de Europa no hay modo de borrarlo del mundo. Los judíos han venido hasta aquí y han tenido siempre con Palestina una relación sentimental muy fuerte, una tradición histórica que atraviesa ininterrumpida los milenios...

D.: ... No sólo, pues, una tradición religiosa, sino también una tradición histórica, dado que para muchos israelíes o judíos, después de la secularización, la religión ya no tiene un gran papel que jugar. Pero había un fuerte sentimiento tradicional...

S.: Un sentimiento referido a una tradición, pero, sobre todo, el sentirse en casa. Los judíos han venido, ¿no?, porque tienen aquí su lugar. No se lo han inventado, sino que ha estado presente, muy vivo, en la historia entera de su exilio dos veces milenario, en su tradición. Además, al menos en pequeños grupos, han vivido siempre aquí. El recuerdo de la «Tierra de Israel», de Palestina, ha estado en el pueblo judío infinitamente vivo. Al doctor Weizmann, presidente de la Organización Sionista y después presidente del estado de Israel, le preguntó en 1937 la Royal Commission qué es lo que constituía el derecho de los judíos sobre Palestina. Su respuesta fue: «El que recuerda tiene un derecho».

D.: Pero ¿qué pasará cuando, por las razones que sean, dentro de quinientos años los árabes palestinos sigan recordando que estuvieron aquí en otro tiempo?

S.: La cuestión es irreal. Es como decir, por ejemplo: ¿por qué no se presentan gentes que estuvieron asentadas en otra época en Rumania y la reivindican? Esto es hablar en la irrealidad, son palabras que nada significan. El recuerdo judío de Palestina es una realidad. Los esfuerzos de la asimilación judía intentaron combatirlo, pero, a pesar de ello, no se consiguió borrar a Jerusalén y a Sión de las oraciones judías de dos mil años.

D.: Supongamos, sin embargo, que el recuerdo árabe de Palestina permaneciera también siendo una realidad durante siglos. ¿Qué pasaría entonces...?

S.: No sé decirle. En todo caso, no lo hay.

D.: ... ¿No se inferiría de él, igualmente, un derecho?

S.: Mire: no lo sé. Si desarrollan los árabes un recuerdo de su Palestina, *à la bonne heure*, quizá tenga usted razón. El hecho es que cuando vinimos aquí nosotros, procedíamos de un problema y una situación distintos. Vinimos con un recuerdo muy fuerte; con un recuerdo que la Escritura toda (aquí la ve usted en mi cuarto, en mi biblioteca) refleja. En la vida sentimental de los judíos desempeñaba esta tierra un papel decisivo. La historia de los judíos era la historia de la Biblia, no la historia del país en el que vivían; la geografía que conocían no era la geografía de Polonia o Marruecos, Francia o España, sino la geografía de este país. Ésa era su geografía. Hay que tener en cuenta, a la vez, todo esto.

D.: ¿Cómo se representaba en sus comienzos el sionismo realmente este problema? ¿Había entonces algo así como alguna conciencia de que en esto se encerraba un problema?

S.: Ya tenía, en efecto, conciencia de este problema. Hoy suele olvidarse que así era. Quizá deba quedar en duda si poseía, sin embargo, plena conciencia. Desde muy pronto hubo entre nosotros, los sionistas, grupos que consideraron perfectamente la cuestión. Era muy difícil prever qué ocurriría. Al principio supusimos que era posible entenderse pacíficamente con los árabes, que cabrían acuerdos mutuos si penetrábamos, los unos y los otros, respectivamente en el mundo judío y en el mundo árabe, y en virtud de lo que nosotros aportábamos; suponíamos que cabía alcanzar que el mundo árabe entendiera nuestro regreso.

D.: Como ya ha dicho, no se pretendía desde el principio establecer aquí un estado judío, sino que se pensaba en alguna clase de sociedad común, de cohabitación.

S.: Siempre se discutió en torno a ello. Había en el movimiento sionista elementos (los que desde 1922 se llamaban revisionistas) que exigían una política de estado desde el comienzo, y la exigían del Mandato británico. Inglaterra no estaba dispuesta a practicar tal política, y la gran mayoría del movimiento sionista la rechazó asimismo.

D.: En torno a 1930 escribió usted una carta a Walter Benjamin en la que daba a entender que las ideas del sionismo y las actividades que tenía éste que llevar adelante se encontraban en un momento de gran cambio, en una crisis, reorientándose hacia metas nuevas, distintas, modificadas. ¿Qué pensaba usted mismo, por entonces, de vivir aquí, en Palestina? ¿Cómo variaría hoy usted lo que entonces pensaba, incluso en el sentido de plantear tal cambio como una exigencia al judaísmo?

S.: Como el sionismo tendía a renovar al pueblo judío en la tierra de Israel y proclamaba esta renovación como una exigencia, desde el comienzo este asunto se basaba en una cierta tensión, o sea, en la incertidumbre de cuál sería realmente la misión del sionismo en esta transformación. ¿Significaba el sionismo una rebelión contra el modo de vida y la tradición del judaísmo tal como habían venido siendo en las generaciones anteriores al sionismo en su papel de movimiento judío nacional, o constituía éste más bien la prolongación de tal tradición? Las dos posibilidades se hallaron presentes en el sionismo desde el principio. Y mientras no se intentó realmente llevar a cabo el sionismo en la vida de este país, mientras no fue una figura viva, estas dos ideas, que se excluyen hasta cierto punto mutuamente, pudieron coexistir. Cuando se vivía en Berlín o en Varsovia cabía responder en uno u otro sentido a la pregunta de si el sionismo era una prolongación o un nuevo comienzo, sin que ello significara mucho en la relación inmediata de unos con otros. En el momento en que intentamos en este país realizar el sionismo, el problema adquirió perfiles más y más marcados: ¿queremos renovar aquí la vida judía, en el sentido de prolongar sin solución de continuidad la tradición de nuestros antepasados; o este trabajo nuestro de levantar nuevas estructuras significa más bien un comienzo nuevo, una ruptura con esa tradición?

D.: ¿Una ruptura que incluía ideas de revolución social o socialistas que debían llevarse a la práctica?

S.: Quienes cargaron con la tarea de levantar las nuevas estructuras de Israel fueron, en gran parte, el movimiento obrero y sus partidarios. Ellos hicieron el trabajo real. No se preocuparon mucho de las ideas políticas del sionismo, porque no lo tenían por algo que fuera actual. Pensaban que nuestra tarea era trabajar, hacer algo, crear algo. Yo seguía entonces pensando que ello sería posible sin entrar en conflicto con el entorno árabe; y fue, efectivamente, posible durante años. Los que cargaron con el trabajo de levantar Israel, Palestina, eran en gran parte neutrales desde el punto de vista religioso o rechazaban la tradición religiosa desde su mentalidad socialista. Hubo luego también grupos socialistas religiosos, que eran piadosos en el sentido de la tradición y deseaban, al mismo tiempo, realizar a su manera las formas socialistas de vida. Los conflictos se agravaron en cuanto, al crearse el estado, la sociedad judía adoptó una forma determinada, de modo que hubo que decir (o el estado tuvo que ponerse en claro acerca de ello) si lo judío era únicamente lo recibido por la tradición o era también lo que aquí estaba creciendo, lo que aquí estaba siendo creado por judíos, incluso en cierta rebelión contra la tradición (rebelión que era especialmente fuerte mientras siguió existiendo el judaísmo tradicional en el Este, en Hungría, Rumania, Polonia, Rusia). En esta medida, el sionismo era un movimiento doblemente revolucionario, porque se revolvía contra la asimilación de los judíos a los pueblos entre los que vivían, pero lo hacía también contra la ortodoxia que decía: «Por amor de Dios, estáis usurpando de mala manera lo que debe hacer el Mesías. Eso es cosa de Dios. Sólo cuando Él nos llame vendremos. Cuando el que llama no es más que un dirigente político, como Theodor Herzl o Weizmann, ¿qué se nos da a nosotros de ello?». Tal era la teoría ortodoxa que nosotros rechazábamos. Nosotros decíamos: «Nos sentimos aquí y ahora llamados a venir a Palestina». Vinimos sin consultar con los rabinos. Gente como Buber y como yo vinimos sin consultar a un rabino si también él creía que nos era lícito venir. Las gentes que vinieron lo hicieron, casi todas, sin consultar con sus rabinos.

D.: Lo que implica el concepto de sionismo ¿sigue siendo hoy la exigencia de principio, absoluta, de que todo judío debe venir de la Diáspora a Palestina, a Israel? ¿Acepta hoy el sionismo que haya judíos americanos que no deseen venir personalmente al país pero que demuestren su, ¿cómo diré?, vinculación con él, su fidelidad a él ayudando al estado?

S.: El sionismo institucionalizado, lo que hoy se llama tan adecuadamente *establishment*, no tuvo opción para hacer sutiles distinciones, porque necesitaba dinero. La cuestión que usted plantea se refiere, ciertamente, a los principios. ¿Se llama ya sionismo a sostener su causa; a sentir simpatía por él; a considerarlo, eventualmente, un último refugio para uno mismo, si vuelve a suceder una catástrofe de dimensiones mundiales (y esto juega un papel realmente)? ¿O no hay que llamar a todos esos sionistas, sino meros simpatizantes con el sionismo? Realmente, es más bien una cuestión semántica. Por supuesto que hay muchos aquí, entre nosotros, que partían de la idea de que sólo es sionista el que se lo toma tan en serio como para comprometerse en él. En mi juventud pertenecía yo al ala, digamos, de extrema izquierda radical del sionismo. Quiero decir que no consideraba seriamente que fuera sionista quien no quisiera venir a Palestina. Al principio, sin embargo, los que sí queríamos éramos sólo un grupo mínimo. Las grandes inmigraciones ocurrieron siempre con ocasión de las catástrofes, por ejemplo: cuando la situación económica de Polonia se hizo insostenible en los años veinte. Esto significó una inmigración muy considerable. El gobierno polaco promulgó a conciencia leyes económicas destinadas a arrebatar a los judíos la base de su existencia en el año 1924. Situaciones de este estilo se han repetido en la historia de los judíos desde la Primera Guerra Mundial; para no hablar del cambio tremendo bajo Hitler o de la política árabe de expulsión de los judíos, cuando a éstos se les hizo imposible continuar su existencia en los países islámicos, de modo que fueron forzados, quisieran o no, a abandonar esos países. Todo ello, como es natural, perturba la cuestión de quién sea sionista. ¿Acaso todos los que viven aquí son sionistas, en el sentido de que han aceptado una ideología que previamente han comprendido? Es seguro que no todos, ni mucho menos. La mayoría, o muchos de ellos, son gentes que, simplemente, han venido aquí porque éste era el país que estaba dispuesto, por su constitución misma, por su entera idea misma, a acogerlos. Para esto precisamente se fundó.

Las fuentes del judaísmo

D.: Señor Scholem, usted ha dedicado la mayor parte de su trabajo como investigador a la Cábala, desde hace decenios; pero, en realidad, sus comienzos en la universidad alemana, en 1915, fueron en una especialidad muy distinta.

S.: Sí. Empecé estudiando matemáticas y filosofía y física. Lo hice, de hecho, casi durante nueve semestres. Pasé luego el examen de estado prusiano en matemáticas.

D.: ¿Fue después del examen de estado cuando se dedicó intensamente a la hebraística?

S.: No, ya lo hice mucho tiempo antes de eso. Lo que sucedió fue que en 1919 me decidí a convertir en profesión principal lo que hasta entonces era mi trabajo secreto o privado preferido, o sea, los estudios judaicos, la investigación de las fuentes del judaísmo. Me pasé, pues, a la única especialidad que entonces era posible para ello: la semitología, las lenguas semíticas. Hice mi doctorado en este campo, en 1922, con un trabajo sobre la Cábala, en Múnich.

D.: Eran los prolegómenos para la tarea de toda su vida.

S.: Sí, cabe decirlo así. Debido a cierto buen instinto o sentimiento, escogí el texto de literatura cabalística que me pareció el más antiguo: un texto dificilísimo, que traté de traducir al alemán y de comentar. A su través me fui metiendo con orden en todos estos temas.

D.: Al mirar hoy retrospectivamente a aquel trabajo, ¿sigue satisfecho de él?

S.: Sería exagerado estarlo. No puede esperarse que esté uno satisfecho con una obra de juventud, con su primer libro. Me costó, además, cuarenta años escribir para aquella traducción la introducción que entonces prometí. Sólo he podido publicarla cuarenta años después, en un grueso tomo.

D.: ¿Notaba usted alguna relación entre las matemáticas y lo que después hizo: la investigación de la Cábala? ¿No juegan las matemáticas o, mejor dicho, los números un gran papel en la Cábala?

S.: La mística numérica juega, en efecto, un gran papel en la Cábala. Éste, sin embargo, fue el factor que menos me atrajo. En los escritos que reciben el nombre de Cábala encontré asuntos filosóficos que me interesaron, y también otros religiosos, que también lo hicieron. El factor que es la mística numérica, y que sólo era para los cabalistas un recurso auxiliar en sus especulaciones o en sus investigaciones, no me parecía esencial. Ni me atrajo entonces, ni me atrae ahora. Desde hace muchos años recibo cartas de gentes que se ocupan con especulaciones místicas numerológicas, a las que siempre tengo que contestar fríamente que ése es un asunto que no me fascina gran cosa.

D.: Luego, tras doctorarse, un año después de doctorarse, marchó usted a Palestina. ¿Cómo pudo dar en la idea de abandonar Alemania y marcharse a Palestina alguien que provenía de la burguesía berlinesa asimilada? Sobre ello dijo usted en una ocasión que se trató de una decisión moral.

S.: Caí en la idea, o di en ella, cuando era muy

joven: en 1911, al empezar a aprender hebreo. El factor decisivo fue la resolución de aprender hebreo, que llevé a cabo muy en contra de la voluntad de mis padres. De joven, como he dicho, me interesaban mucho las matemáticas y la historia. Leí muchas obras de historia, y un día me ocurrió leer también un famoso libro de historia judía: el del historiador Heinrich Graetz *Historia de los judíos*, que entonces era la obra historiográfica más famosa sobre la historia judía. Me hizo una gran impresión y suscitó en mí el deseo... ¿Cómo lo diré? Es difícil... En cualquier caso: deseé saber más y también deseé ponerme en claro respecto de algo que me afectaba personalmente. La atmósfera de la casa paterna, una casa judía de la burguesía liberal, en la que lo judío desempeñaba un papel subordinado, si es que tenía alguno, sentía que era inadecuada. Me puse en guardia contra ella y encontré que mis padres se engañaban a sí mismos en su pretensión de germanismo. La decisión de si había o no que ir a Palestina fue realmente, como ha dicho usted, una opción moral: la de si queríamos hacer carrera en Alemania o si queríamos tener un futuro como judíos y debíamos entonces pensar, con exclusividad, en renovar el judaísmo y levantar una sociedad judía. Y no sólo pensar, sino si queríamos hacer algo por ello, con indiferencia de que fuera a llegarse a una forma política estatal. El elemento socio-espiritual de renovación del judaísmo desde dentro, de tomar la responsabilidad ante nosotros y por nosotros mismos en tanto que judíos, resultó determinante en mi decisión de venir aquí.

Cuando me trasladé a Jerusalén, todavía me quedaba una decisión por tomar. Se me ofrecieron dos puestos de trabajo: uno, como profesor de matemáticas en el Seminario de Maestros de Jerusalén. Buscaban a alguien que supiera hebreo y matemáticas y que trabajara de enseñante en las condiciones que entonces se daban. Quiero decir que se recibía el sueldo casi siempre con siete u ocho meses de retraso. A la vez, y con las mismas condiciones, me ofrecieron un puesto en la biblioteca: el de director de la sección de judaística. Es verdad que yo me había interesado mucho por la literatura hebrea y que también me interesaban problemas formales y técnicos de biblioteconomía. Tenía que decidirme, y me decidí por la biblioteca, porque sentí que así no tendría cuadernos que corregir después de las horas de trabajo y que podría dedicarme tranquilamente a mi verdadera inclinación: la investigación de la mística judía. Un año después de mi llegada pasó repentinamente al estado de realización el hasta entonces muy nebuloso proyecto de una Universidad Hebrea. Hacía ya años que se había resuelto, pero sólo en los papeles, fundar una universidad en Jerusalén, más como un instituto de investigación que como una institución docente. Incluso se había puesto su primera piedra. Pero sucedía con ella lo que con la mayoría de empresas por aquella época en Palestina: que no había dinero. No había dinero para nada, y menos para una universidad. Se necesitaba dinero para colonizar, para fundar pueblos y colonias, y en aquellos años sobraba lo que llamábamos entonces el proletariado intelectual. No se deseaba una proliferación de doctores, sino que se necesitaba gente dispuesta a otras cosas. Había a la vez otros círculos que decían: «Si el pueblo judío quiere crearse un nuevo centro vital, no sólo en lo económico, sino también y precisamente en lo espiritual, precisa de una institución espiritual capaz de irradiación y en la que lo judío vuelva a investigarse y a pensarse». Y se empezó a buscar gente dispuesta a vincularse por entero a esa universidad. No era cosa sencilla, porque los grandes sabios judíos tenían puestos en las instituciones teológicas judías, pero la universidad no quería dedicarse a la teología, no deseaba formar rabinos: su deseo era investigar el judaísmo con independencia de toda tendencia teológica determinada.

D.: ¿Cuándo se estableció un puesto de profesor para investigar la mística judía?

S.: Hubo tales puestos desde 1925. Yo llegué a ser profesor en 1933.

D.: ¿Cómo se hacía entonces la habilitación?

S.: No había tal habilitación. Lo llamaban a uno. Aquí no ha habido habilitaciones. Hasta el momento en que yo entré en ella, la Universidad de Jerusalén había siempre llamado a su personal, una vez que, en el juicio global de los gremios que se habían constituido (gremios de profesores), era uno digno de ser profesor. Había, por ejemplo, un puesto de profesor de filología talmúdica. ¿Para qué necesita un rabino la filología talmúdica? Él no la necesita, pero la ciencia sí la necesita; luego se fue a buscar a Berlín un sabio de renombre, un judío ruso, para que fuera profesor de esa materia. No profesor de Talmud, por Dios, que eso era algo que podían enseñarlo muchos otros, sino de filología talmúdica. Fue así como pensaron en mí. Ahí estaba yo, que era un joven que se ocupaba con asuntos con los que nadie, en la ciencia judía, se había ocupado de veras hasta entonces: la mística judía. «Estupendo: eso sí que se necesita. Pero ¿no hay nadie que sepa propiamente de eso? Efectivamente, nadie ha estudiado verdaderamente esa literatura. Es evidente que aún no hay criterios científicos para su análisis, ni para exponer su desarrollo y su cronología. Hasta aquí, lo único que hay son ensayos más o menos de aficionado y ambiguos, que se han realizado con fines apologéticos o los han llevado a cabo charlatanes. Y aquí, en cambio, tenemos a un chico cuyo traslado no nos cuesta ni el billete, porque ya ha venido, y que es, además, un ardiente sionista». Nadie sabía, por tanto, si yo era o no bueno. Había un libro escrito por mí, impreso en Alemania, en la imprenta de mi padre, cuando no se podía hacer otra cosa: yo había publicado en la época de la inflación un libro sobre el texto cabalístico más antiguo. Aquello me fue de provecho. También había escrito algunos artículos. Desde 1924 algunos de ellos estaban en hebreo, lo cual, al principio, no había sido tan sencillo, ya que, por mucho hebreo que hubiera estudiado, aún quedaba por recorrer un duro camino hasta conseguir la libre asociación de las ideas en hebreo. No se sabía, pues, quién entendería de Cábala y pudiera juzgar a Scholem. Alguien dijo entonces: «En Szegedin, en Hungría, hay un sabio famoso, Immanuel Löw, un especialista judío en botánica (que luego escribió el conocido libro *Flora de los judíos*, no *Flora en la Escritura judía*, sino *Flora de los judíos*), y que ha dicho que había leído los trabajos de Scholem. Es un rabino que goza de mucha consideración y un sabio que entiende mucho de filología. Quizá podría preguntársele a él». Y le preguntaron. Él escribió una carta diciendo que aquel joven era magnífico, buenísimo: «Hay en su libro dos páginas sobre la duplicidad de sexo de la palmera en la literatura judía, y esas páginas sí que puedo juzgarlas, y son excelentes. Sabe, sin duda, mucho. A un hombre así es a quien se necesita para investigar en esos asuntos».

Fue de este modo como tuve yo más suerte que Walter Benjamin a la hora de llegar a ser profesor. La gente que me había llamado tampoco sabía muy bien qué trabajo iba yo a hacer, pero tenía la impresión de que se trataba de una buena ocasión, porque el que es ardiente parece también que es apto. Así fue como me dieron una oportunidad que nunca habría tenido para mi trabajo si desde el principio se hubiera deseado una universidad dirigida a la docencia. Fue porque se quería, precisamente, un puesto de investigador por lo que me dieron aquella oportunidad que otros no han tenido. Y eso me posibilitó dedicar la vida a lo que, en cualquier caso, yo quería hacer.

D.: Hemos mantenido esta conversación en su biblioteca, y los libros que vemos aquí no son todos, por cierto, sino que se extienden por el pasillo y por los otros cuartos.

S.: Tengo unos diecisiete mil libros, ocho mil de los cuales tratan de mística judía.

D.: Contó usted un día que en 1937 publicó un libro con los ciento cincuenta títulos que aún le faltan o que aún le faltaban entonces.

S.: Sí, es verdad: hacer un catálogo de mi biblioteca habría sido muy caro y nadie lo habría publicado por entonces. Hoy sería más fácil encontrar quien lo hiciera. Entonces se me ocurrió la idea de hacer un catálogo de los libros que *no* tenía. Compuse aquel librito, además, únicamente porque disponía para él de un título hebreo: un versículo de la Biblia. Un buen libro judío, o sea, un buen título judío para un libro, tiene que consistir, si es posible, en una cita bíblica o talmúdica, y mi cita estaba tomada de la historia de José y sus hermanos, y era: «Partid en paz y regresad con Jacob, vuestro padre». La expresión hebrea «partid en paz» se puede leer también «venid a Scholem». Pues bien, tres cuartas partes de los libros que aparecían en aquel opúsculo porque me faltaban han venido realmente luego a mí.

DIEZ TESIS AHISTÓRICAS SOBRE LA CÁBALA

1

La filología de una disciplina mística como la Cábala tiene en sí algo irónico. Se ocupa con un velo de niebla —la historia de la tradición mística— que envuelve el *corpus*, el espacio de la cosa misma: una niebla que, por cierto, sube de ésta.

¿Queda en ella visible para el filólogo algo de la ley de la cosa misma, o lo esencial es justamente lo que desaparece en esta proyección de lo histórico? La incertidumbre en la respuesta a esta pregunta pertenece a la naturaleza de la investigación filológica, y así la esperanza de la que vive este trabajo conserva un algo de irónico del que no puede separársela. Pero este elemento de ironía ¿acaso no está ya más bien en el objeto de la misma Cábala, y no sólo en su historia?

El cabalista sostiene que existe una tradición sobre la verdad que puede ser a su vez transmitida. Afirmación irónica, ya que la verdad de la que se trata es todo menos transmisible. Esta verdad puede ser conocida pero no transmitida, y justamente lo que de ella es transmisible ya no la contiene. La tradición auténtica permanece oculta; sólo la tradición decadente decae en objeto: sólo al decaer se hace visible su magnitud.

2

La publicidad de las obras capitales de la antigua literatura cabalística es la garantía más importante de su secreto, pues ya no lo vemos ni hay un momento en que nos dirija su palabra. Ninguna obra cabalística ha sido tan criticada, por sus tendencias popularizantes, por la presunta traición de los secretos de la Torá perpetrada en ella, como el libro *'Émeq ha-Mélej* de Jacob Eljanán Bacharach, de Francfort del Meno, publicado en 1648. Pero si hoy uno abre este infolio, resulta evidente que ha tenido que desaparecer nuestra capacidad para percibir tal traición de los misterios. Difícilmente habrá un libro más incomprensible que este *Valle del Rey*. ¿Se trata, una vez más, de esa política místico-anárquica que protege los secretos mejor diciéndolos que callándolos? ¿Y cuál, entre todos los mundos que se han dicho, podría estar más hundido en su enigmática decibilidad que el mundo de la Cábala luriánica?

3

El carácter del conocimiento en la Cábala es que la Torá es el medio en el que todos los seres conocen. El simbolismo del «espejo brillante», aplicado a la

Torá por los cabalistas, es muy instructivo. La Torá es el medio en el que se refleja el conocimiento: oscurecido, como corresponde a la esencia de la tradición; brillante, en cambio, en el campo puro de la doctrina «escrita», o sea, de la doctrina que no se puede aplicar; pues únicamente es aplicable cuando es «oral», o sea, transmisible tradicionalmente. El conocimiento es el rayo por el que la criatura intenta avanzar desde su medio a su fuente, aunque haya inevitablemente de quedarse en el medio, pues Dios mismo es Torá, y el conocimiento no puede sacar a la criatura fuera de ahí. Hay un algo de infinito desconsuelo en la tesis de que el conocimiento supremo carece de objeto, como enseñan las primeras páginas del *Zohar*. Que el conocimiento es por naturaleza sólo medio es lo que se desarrolla en la forma clásica de preguntas. El conocimiento es una pregunta fundada en Dios, a la que no corresponde ninguna respuesta. El «quién» es la última palabra de toda teoría, y ya es asombroso que la teoría lleve tan lejos, que se separe tanto del «qué» al que su comienzo se halla adherido.

4

El lenguaje materialista de la cábala luriánica, sobre todo cuando deduce el *tsimtsum* (la autocontracción de Dios), induce a pensar si el simbolismo que se sirve de estas imágenes y estas palabras no será ya la cosa misma. Este aspecto materialista de la Cábala ya estaba fundamentalmente dado en el momento en que la ley del organismo vivo se introdujo como intuición básica de su teosofía. Poco importa que se diga luego que estamos sometidos a esta ley porque es la ley de la vida de la misma divinidad, o que se haga «como si» se la «trasladara» luego a la divinidad. Y es que el radio de acción de esta ley, por más vueltas que se le dé, lo abarca todo. Cabe argumentar que lo que los cabalistas dicen sobre el *tsimtsum* sólo tiene sentido y está libre de contradicción si es que se refieren a un sustrato material, ya sea éste el *En-sof* mismo, ya sea su «luz». Las críticas a los teólogos heréticos de la Cábala sabbataísta que los acusa de haber tergiversado en sentido materialista los misterios espirituales muestra la meta a la que podría llegar el viaje si se intentaba alguna vez pensar de acuerdo con la lógica interna de las imágenes. Hay desde el principio un factor dialéctico en este materialismo de la doctrina del *tsimtsum* y la rotura de los vasos. La idea de la Cábala sabbataísta de Natán de Gaza, según la cual en el mismo *En-sof* se distinguen, pero irradiando una en la otra, una luz «llena de pensamientos» y otra «carente de pensamientos», sólo es el modo más radical de ejercer sobre Dios mismo este proceso de materialismo dialéctico. Entender a los cabalistas como materialistas místicos de tendencia dialéctica sería, desde luego, por completo ahistórico, pero de ninguna manera absurdo.

5

En el modo en que la Cábala antigua entendía la relación entre el *En-sof* y la nada se expresaba, en última instancia, el mismo sentido dialéctico, con el concepto de creación, que luego se abrió paso en la idea del *tsimtsum*. En efecto, ¿qué significa en el fondo la distinción entre *En-sof* y la primera *sefirá*? No otra cosa sino que la plenitud esencial del Dios oculto, transcendente respecto de todo conocimiento (incluso respecto del intuitivo), se vuelve nada en el acto primordial de la emanación, en el puro ir Dios a crear. Es la nada de Dios, que a los místicos se les ha de aparecer, en la perspectiva de su camino, como el último grado del «deshacimiento». Pero los cabalistas conservan la conciencia de un abismo último: el abismo de la voluntad, que se manifiesta como la nada. Es partiendo de este acto, es en el abismo de esta voluntad donde, de hecho, ya todo está dado; pues que Dios vaya a crear es, justamente, ya la creación misma, aunque ésta se nos presente a nosotros tan sólo en infinitos niveles y procesos. En Dios, en cambio, todo esto es un acto unitario. En este sentido, la distinción de principio entre *En-sof* y la primera *sefirá* está, pese a todo, vinculada con la problemática del panteísmo. Esta distinción la restringe mucho, sobre todo desde la clara conciencia, en Moisés Cordovero, de que el tránsito desde *En-sof* a la primera *sefirá* —el acto primordial— es un paso de infinita mayor importancia que todos los siguientes juntos. Es en esta perspectiva como hay que considerar la tajante negativa de todos los cabalistas desde, aproximadamente, 1530, a identificar *En-sof* y nada (*'ayin*). Parece que a esto contribuyó que sentían lo que se ponía en peligro al identificar esos dos conceptos: el factor dialéctico del concepto de creación. La falta de dialéctica deja a la tesis de la identificación inerme frente al panteísmo. Sin transcendencia, la nada consigue, entonces, elevarse a algo. Podría decirse que los cabalistas de la primera época que sólo querían establecer entre *En-sof* y *'ayin* una diferencia de nombres pero no de esencia, borraban de hecho el primer acto del drama universal, que contiene la exposición dialéctica del Todo. Fue así como giró en sentido panteísta la teoría de la identidad: la creación a partir de la nada tan sólo es una cifra de la unidad esencial de todas las cosas con Dios. La «vivencia», efectivamente, en ningún caso podía llegar más allá de la nada, y es seguramente de este fundamento real de vivencia desde donde suele derivarse en los cabalistas antiguos la identificación panteísta de *En-sof* y nada. El místico que elabora no dialécticamente sus vivencias tiene que desembocar en el panteísmo.

6

Los cabalistas trabajaron a favor de que las doctrinas místicas más profundas se extendieran entre la gente. Los costos de tan temeraria empresa no se hicieron esperar. Querían iluminar con la mística al pueblo judío y la vida judía. El folklore cabalístico fue la respuesta popular y hay que decir, aunque con horror, que fue la respuesta coherente. Lo notable, con todo, es que hubiera alguna respuesta. Ya que la naturaleza, vista con ojos de cabalista, no es sino la sombra del nombre de Dios, cabe también hablar de una sombra de la Ley, que cada vez cae más larga sobre el modo de vida del judío. Ahora bien, el muro de piedra de la Ley se va volviendo en la Cábala poco a poco transparente y deja pasar una vislumbre de la realidad que él rodea y a la que remite. Tal alquimia para con la Ley, esta su transmutación en algo translúcido, es una de las más hondas paradojas de la Cábala, porque ¿qué podría ser en el fondo menos transparente que esta vislumbre, esta aura de lo simbólico que ahora se muestra? Y en la medida en que va siempre creciendo la transparencia de la Ley —a la vez, por cierto, que aumenta su indeterminación—, se disuelven las sombras que arroja sobre la vida judía. Al final del proceso tenía, pues, que estar lógicamente la «Reforma» judía: la humanidad puramente abstracta de la Ley —sin sombras, sin trasfondos, pero también sin irracionalidad—, como residuo de su descomposición mística.

7

Quizá se pueda considerar que lo verdaderamente desdichado de la Cábala —como de muchas formas de mística que no han llegado a plenitud— es la doctrina de la emanación. Las intuiciones de los cabalistas se referían a estructuras del ente. No se puede hacer cosa peor que confundir el conjunto de estas estructuras con la doctrina de la emanación. Tal confusión pervierte los gérmenes más prometedores en aras de la teoría más fácil y más perezosa de todas las teorías. Cordovero habría estado mucho más en su papel como fenomenólogo que como alumno de Plotino. El intento de construir (y llevar hasta el final) el pensamiento de los cabalistas sin emplear la teoría de la emanación sería el modo de saldar esta deuda con el que tendría que comprometerse un verdadero discípulo de Cordovero, si alguna vez lo hubiera. Bajo la forma de una topografía teosófica, que es la que han recibido literariamente las doctrinas cabalistas, su verdadera enjundia queda inaccesible. La controversia entre el nominalismo místico y el simbolismo de la luz procede, en los escritos cabalísticos, de esta tensión no descargada: la que hay entre sus intenciones más importantes y su incapacidad de expresarlas con pureza.

8

Hay en la Cábala algo así como una mirada transmutadora, respecto de la cual no se sabe a ciencia cierta si se la debe describir como mágica o más bien como utópica. Esta mirada descubre los mundos todos y el propio secreto del *En-sof* mismo en el lugar en el que uno se encuentra. No hay que ponerse a discutir sobre lo que haya «arriba» o «abajo»; lo único que hay que hacer (¡lo único!) es penetrar con la mirada el punto en el que se está. Para esta mirada que transforma, los mundos todos, como dijo uno de los grandes cabalistas, no son más que los «nombres que están anotados en la hoja de la esencia de Dios».

9

Las totalidades sólo se pueden transmitir por tradición de manera oculta. El nombre de Dios es invocable, pero no es pronunciable; porque sólo lo que tiene de fragmentario hace al lenguaje susceptible de ser hablado. No se puede hablar el lenguaje «verdadero», del mismo modo que no se puede realizar lo absolutamente concreto.

10

Un siglo antes de Kafka, escribió en Praga Jonas Wehle (valiéndose de Leon von Hönigsberg, su yerno) las cartas y los trabajos que nunca fueron impresos y reunieron cuidadosamente sus alumnos frankistas. Wehle escribía para los últimos adeptos de una Cábala que había desembocado en herejía: un mesianismo nihilista que intentaba hablar el lenguaje de la Ilustración. Fue el primero que planteó la cuestión (y la respondió afirmativamente) de si el Paraíso, al ser expulsado de él el hombre, no perdió más que lo que el mismo hombre perdió. Hasta aquí, desde luego, se ha prestado demasiado poca atención a este lado del problema. ¿Es la simpatía de sus almas la que llevó a Kafka, cien años después, a ideas que están en honda comunicación con las de Wehle? Quizá porque ignoramos lo que ocurrió con el Paraíso consideró Kafka que el bien «en cierto sentido carece de consuelo». Estos textos realmente parecen salidos de una Cábala herética: nadie le ha sobrepasado en la expresión de la frontera entre religión y nihilismo. Por esto es por lo que sus escritos, que ofrecen la secularización del sentimiento cabalista del mundo (desconocido para el propio Kafka), poseen, para algunos lectores actuales, algo del esplendor estricto de lo canónico: de lo perfecto que se quiebra.

«LOS CABALISTAS SABÍAN ALGO QUE NOSOTROS NO SABEMOS»

Recuerdos sobre Gershom Scholem

Jörg Drews

«Mi señor hijo se dedica nada más que a artes que no dan de comer. Mi señor hijo se interesa por las matemáticas, por la matemática pura. Yo le digo a mi señor hijo: ¿Qué es lo que quieres? Como judío, no tienes ninguna posibilidad de hacer carrera universitaria. No vas a poder ocupar ningún puesto importante. Hazte ingeniero y ve a la escuela técnica superior, y así podrás hacer tantas matemáticas como gustes en tus horas de ocio. Pero no. Mi señor hijo no quiere hacerse ingeniero: sólo quiere matemática pura. Mi señor hijo se interesa por cosas judías. Y yo le digo a mi señor hijo: Por favor, hazte rabino, que así podrás tener todo el judaísmo que quieras. Pero mi señor hijo de ninguna manera quiere hacerse rabino. Sólo artes que no den de comer».

Así hablaba el señor Scholem padre, un judío prusiano de sentimientos nacionalistas, dueño de una imprenta en Berlín, a su testarudo hijo, el estudiante de matemáticas Gerhard Scholem, en torno a 1918. No le sirvió de nada. Aquel hijo, nacido el 5 de diciembre de 1897, persistió en las matemáticas hasta hacer su examen de estado prusiano en 1919, y llevó adelante sus estudios judíos: aprendió hebreo y Talmud, se afilió a los sionistas y, por momentos, era evidente que no quería ser sólo un hombre de ciencia, sino un gran reformador del judaísmo, pues a los veintiún años escribió, a base de grandiosas fantasías, las *Noventa y cinco tesis sobre judaísmo y sionismo* (que se publicaron en 1995). Seguía en Alemania, pero, en cierto modo, se encontraba ya en camino de Berlín a Jerusalén, de su familia de judíos alemanes asimilados a la vieja Nueva Tierra. Con catorce años, en 1911, había leído la *Historia de los judíos*, de Heinrich Graetz, que dejó en él una impresión imborrable; y más adelante, desde, aproximadamente, 1919, trabó conocimiento con los textos cabalísticos, sobre todo con el *Zohar*, el *Libro del Esplendor*. Este conocimiento bien podría haberle hecho exclamar lo que ya dijo, con admiración y agradecimiento, rabí Pinjás de Koretz: «El *Zohar* me ha retenido dentro del judaísmo». Esta frase, en cualquier caso, puede pensarse dicha por Scholem no así, en *ídish*, sino en buen alemán (siempre conservando un fuerte acento berlinés, porque, de hecho, su modo de hablar estaba impregnado de giros y citas berlineses). «Y así fue como Elenita salió al campo», solía concluir, contento, con una pizca de suficiencia, cuando le había contado a alguien la historia de su vida.

Ya no vivió el padre cómo el hijo, que se había doctorado en Múnich, en 1922, sobre el libro *Bahir*, dos años después de haber llegado a Palestina fue, en 1925, docente y, en 1933, profesor de mística judía en Jerusalén. Consiguió así Scholem convertir en el interés profesional de toda su vida los estudios de judaísmo que había emprendido contra la oposición frontal de su familia. De forma paradójica, el racionalista escogió como tema de sus investigaciones un dominio que había caído muy decididamente en el rechazo y el repudio del judaísmo rabínico y de los judíos ilustrados: la mística judía, la historia de la Cábala, que, comenzada bastante antes, de los siglos XII al XVIII había permanecido no precisamente en los márgenes de la vida espiritual del judaísmo, sino, como Scholem, en el trabajo de toda su vida, creía poder mostrar, en su centro mismo, y había contribuido a que se sostuviera en vida el judaísmo como un cuerpo espiritual. Sus investigaciones sobre la Cábala (al pie de la letra algo *tradicional*, algo *recibido*) en tanto que concepción simbólica del mundo como un lugar en el que Dios se refleja en un complejo proceso de vida y revelación, fueron siempre, gracias a estar insertas en un movimiento animado por una osada idea (el sionismo), más que algo meramente filológico y de anticuario. Scholem hizo más que eso, y pudo tener en todo instante la certeza de estar haciendo más que la simple elaboración de cualquier interesante campo de la historia de la religión o de la ciencia comparada de las religiones, cosa que podría igualmente haber realizado como catedrático berlinés, si las cosas hubieran ido en Alemania de otro modo a partir de los años veinte. Sus escritos sobre la Cábala, el mesianismo y la historia de las relaciones entre judíos y alemanes siempre me parecían (si es que mi juicio es correcto, viniendo de alguien que no habla hebreo y no es un historiador de la religión) que estaban llevados por la conciencia de que, en medio de tanta buena filología, tanta erudición histórica y, a la vez, en la falta de romanticismo nacional, estaba pasando algo bastante más decisivo que lo meramente arqueológico, y esto era el trabajo en la reconstrucción de la identidad histórica y, al mismo tiempo, de nueva planta, de un pueblo que quería volver a ponerse en pie y estaba resuelto a no seguir disculpándose por cada uno de los aspectos de su existencia.

Recorriendo prácticamente en solitario su camino durante muchos años, Scholem arrancó los textos de la mística judía tanto del desprecio ilustrado o rabínico cuanto del oscurantismo; estableció su investigación en fundamentos científicos, y dio noticia al mundo de una tradición intelectual y religiosa extraordinariamente rica. Incluso en los puntos en que sus sucesores en la ciencia critican hoy sus opiniones sobre la mística judía, lo hacen situados en un campo y empleando unos instrumentos que son los que él desarrolló. Aunque al final de su vida se le acumularon los honores científicos, todos estos logros los llevó a cabo, por amplios períodos, en circunstancias difíciles, en la Palestina de los años treinta, cuarenta y cincuenta, que tanto peligro corría por las luchas intestinas y las amenazas exteriores. Su prestigio como sabio importante del país fue grande en el propio Israel, pero no se vio libre de ataques procedentes de un rabinato a cuya ortodoxia y a cuya comprensión de sí mismo no se acomodaban bien algunos de sus descubrimientos históricos. Pero también tuvo la enemiga de aquellos a los que han de aparecer sospechosas las aproximaciones estrictamente científicas a los textos sagrados que tratan de la relación entre el Creador y su creación.

Scholem tenía perfecta conciencia de la paradoja de su existencia de investigador histórico-crítico de la mística judía, en la que no podía creer, sin embargo, como lo haría un «cabalista». Sometió esos textos a la estricta disciplina histórico-filológica, lo que suponía hacer algo realmente extraño, como decía él mismo, con una seriedad algo desconcertante: se dedicaba a hacer objeto de una ciencia, o sea, de un procedimiento orientado a la racionalidad y la publicidad, los textos de una tradición secreta, y la ciencia en cuestión, por lo que hace a los secretos de la Cábala, es en verdad «destructiva». Aguda conciencia de que así es la muestran sobre todo las *Diez tesis ahistóricas sobre la Cábala*, que empiezan con estas palabras: «La filología de una disciplina mística como la Cábala tiene en sí algo irónico. Se ocupa con un velo de niebla —la historia de la tradición mística— que envuelve el *corpus*, el espacio de la cosa misma: una niebla que, por cierto, sube de ésta»*. Sin embargo, protegía fundamentalmente a sus cabalistas cuando se le preguntaba por el valor del saber de éstos en sus escritos. ¿No se trata tan sólo de escritos interesantes desde el punto de vista de la historia espiritual o la fenomenología de la religión? ¿O es que contienen algo que va más allá de esto? «Jamás he mirado con desprecio a los místicos», escribió, «y no comparto la opinión de los que lo hacen. Ellos [los cabalistas] tenían algo que a nosotros nos falta». Tal

* Cf., *supra*, p. 67.

es la variación elegante. Por sus diarios sabemos que hubo momentos de mucho mayor escepticismo; momentos en los que les reprochaba, sencillamente, que incurrían en «cortocircuito intelectual», o, con una fórmula más prudente: «Las formulaciones conceptuales [de los cabalistas] buscan aproximarse a una interpretación filosófica de imágenes que están cargadas de símbolos y son inagotables. Intentan interpretar tales imágenes como abreviaturas de series conceptuales. El manifiesto fracaso de tales tentativas demuestra que no lo son». Sin embargo, un día que estábamos en su biblioteca, al lado de nueve mil volúmenes de Cábala y sobre Cábala y de más de ocho mil tomos de otros autores, me dijo, después de un largo silencio: «Mire, hay una cosa que sé con seguridad: que los cabalistas sabían algo que nosotros ignoramos».

Scholem no fue tan sólo un filólogo e historiador de la religión al que los tiempos llevaron a Jerusalén en vez de a Berlín (aunque hasta la muerte le quedó algo de la curiosidad y la retranca berlinesas, como él gustaba de decir, así como tenía también algo de profesor prusiano), sino que entendió su trabajo siempre como un trabajo que a la vez lo era en el restablecimiento de una identidad judía truncada: de una autocomprensión judía que no se dejaba arrastrar a la negación de una parte de su historia y sus tradiciones ni por la Ilustración ni por la presión social. Persuadido de que la asimilación de los judíos en Europa y, sobre todo, en Alemania era un camino equivocado, marchó con orgullo, voluntariamente y lleno de las mayores esperanzas a

Palestina, que era el único lugar en que podría tener lugar la renovación del judaísmo auténtico. Lo incondicional de su idealismo le hacía representarse aquella renovación de modo mucho más espiritual y estricto que como luego se realizó en Palestina e Israel. Ya en 1929-1930, cuando los primeros choques sangrientos entre judíos y árabes, hubo de observar con espanto, según sabemos ahora por sus notas de entre diciembre de 1930 y octubre de 1931, que el movimiento espiritual se había vuelto política; que la idea sionista había, probablemente, *tenido*, incluso, que volverse política; y que el sionismo esotérico era quizá un ideal religioso que, sin embargo, no iba a poder evitar la profanación (también y precisamente la profanación del lenguaje, que hasta entonces, por siglos, se había reservado casi exclusivamente para fines religiosos). Hasta el final, su consuelo fue únicamente saber que a Dios no se le pueden prescribir los instrumentos históricos de los que se sirve para, a pesar de todo, llevar a cabo, quizá, un fin bueno.

Cuando se le visitaba en la calle Abarbanel, 28, en el barrio de Rehavia, en Jerusalén, era un anfitrión y un interlocutor divertido e inagotable, que contaba, entre seco y ameno, cosas que, dado su saber, procedían de todos los terrenos. No por nada decían sus amigos y vecinos de Rehavia, el poeta y crítico literario Werner Kraft y Erna, su mujer, con los que Scholem solía conversar las tardes de sábado: «Scholem lo sabe todo». Se era testigo del despliegue intelectual de un profesor prusiano, si se me permite la ironía bien intencionada, amabilísimo y, a la vez, estricto y patriarcal. En su biblioteca estuvieron con él Jean-Paul Sartre y Erich Fried, Günter Grass, Hannah Arendt y Golda Meir. Y todavía pocos años antes de su muerte, sucedida en febrero de 1982, tuvo ocasión en Zúrich, en paseos de horas enteras por las comarcas prealpinas suizas, de hacer gala, sin pausa y del modo más atractivo, de sus conocimientos, extraídos de los libros más raros, y de pequeñas historias referentes a la vida universitaria alemana e internacional; y ello en tal medida que Antje Friedrichs y yo, que éramos casi cuarenta años más jóvenes que él, nos agotábamos antes que Gershom Scholem.

Intimidaban y eran, al mismo tiempo, un placer las ocasiones en que pensaba que tenía que quitar de la cabeza a un auditorio opiniones falsas, ya fuera en política, ya en ciencia. Por ejemplo, en un momento así, Peter Hamm, que ignoraba cierto asunto de la historia de la editorial Schocken en los años treinta, tuvo que oír: «¡No tiene usted ni idea, querido señor Hamm, ni la menor idea!». Más de una vez, en su biblioteca de Jerusalén, tuve que recibir lección de sionismo para principiantes, si, por ejemplo, no estaba al tanto de un matiz sobre la revista *El judío*, de Buber, de los años diez; y en 1979, en Zúrich, con toda furia, dejó claro a un grupo de investigadores sobre Joyce por qué no cabe hablar, en absoluto, de que Leopold Bloom, el protagonista del *Ulises*, sea judío. Con especial celo se enfrentó científicamente al marxismo en el principio de los setenta y al comunismo políticamente (en este punto no consentía la más mínima broma, para decirlo con suavidad), y contaba con ferocidad y mordacidad, disfrutándolo, cómo había conseguido acceder al fin a sus propias cartas a Walter Benjamin, que estaban almacenadas al principio en la Unión Soviética y luego pasaron al Archivo Central de la República Democrática Alemana, en Potsdam, para ir después a la Academia de las Artes de Berlín Oriental. Aquel asunto duró de 1966 a 1977, porque Israel, en 1967, a raíz de la Guerra de los Seis Días, pasó, en la República Democrática Alemana, de ser un estado progresista o, en todo caso, tolerable, en la perspectiva del Bloque del Este, a convertirse en un lacayo del capitalismo y un estado perverso, sionista y enemigo. Lo que revela sobre todo este asunto en la introducción a la *Correspondencia Benjamin-Scholem*, publicada luego, en 1980, es una versión *ad usum delphini*, inocua, que, por razones tácticas, sólo insinúa lo que era el relato, de algo así como una hora, que es de lo más desolador, por lo que hace al aparato político del Bloque del Este y, sobre todo, de la República Democrática, que he oído nunca (y también, como *oral history*, es de lo más impresionante que conozco). Cuando charlaba pontificando de alguno de sus temas predilectos, como, por ejemplo, de nombres judíos o de genealogía judía (así, pongo por caso, de que Walter Benjamin y Heinrich Heine estaban emparentados), o de la historia del hampa judía en Europa y, en especial, en Alemania y, luego, en el siglo XX, en los Estados Unidos, lo hacía de manera tan exhaustiva y, a la vez, con tal elocuencia y tales gestos, que resultaba inolvidable.

La actual juventud alemana ha conocido, en su mayor parte, a Scholem por el rodeo de haber leído a su amigo Walter Benjamin. Cuando visité a Scholem en Jerusalén por primera vez, en 1970, estaba precisamente ocupado en descifrar el manuscrito de Benjamin *Crónica berlinesa*, empresa en la que otro filólogo creía haber fracasado. Scholem, por su parte, como le placía contar bien a sabiendas, había transcrito la *Crónica* en seis semanas; y cuando, al recibir la colección de libros para niños de Benjamin en 1974, en Londres, descubrimos una carta de Benjamin a su mujer del año 1924, de nuevo fue Scholem el que reconoció una palabra del lenguaje privado que usaban Benjamin y su mujer, que a nosotros nos había sido imposible descifrar: «afectuosidad». Se enfadaba terriblemente con los (así los llamaba en una carta) «evidentes tonterías y excesos hermenéuticos» de los benjaminianos, deseosos, sobre 1970, de interpretar los escritos tardíos del maestro en sentido unilateralmente marxista. Tuviera o no razón Scholem en todos los puntos, la cuestión es que, como ha llegado luego a ser *communis opinio*, nos hizo atender, con gran energía y muchísima razón, a la multitud de estratos y a las contradicciones que hay en el pensamiento de Benjamin. Evaluaba, por cierto, haciéndose pocas ilusiones, la voluntad de Benjamin de separarse de la cultura intelectual alemana o francesa para irse a Palestina a mediados y finales de los años treinta. El hecho de que si Benjamin hubiera dado ese paso a tiempo probablemente habría salvado la vida hubo de ser para Scholem un dolor incesante hasta el día de su muerte, como incesante fue su afán editorial a favor de la obra de Benjamin y en la aclaración de cuestiones biográficas referentes a él.

Por otra parte, seguramente que Scholem se llevó consigo a la tumba, aunque de esto no hay notas que aún no se hayan publicado, el conocimiento de ciertos datos de la vida y de ciertos rasgos del carácter de Benjamin, al que pintaba como hombre que además era amigo de juegos, embustes y engaños, detalles todos de los que apenas hablaba, porque le parecía que no le importaban al público o que podían llegar a los oídos inadecuados en forma de cotilleos, como había pasado con la conducta sorprendente, para decirlo suavemente, de Benjamin en asuntos de finanzas. Quería proteger al amigo.

Comentó con una claridad tajante todos los ensayos que se han referido en tono conciliador (él lo hubiera dicho a la berlinesa) a la «simbiosis germano-judía» o al «diálogo germano-judío». De la misma manera que en otro tiempo peleó contra toda forma de servilismo en el judaísmo deseoso de adecuarse a Alemania y hubo de estigmatizarlo con toda suerte de malos presagios, tampoco ahora quería dar su conformidad a ninguna inexacta glorificación del pasado entre judíos y alemanes. Se contó entre las paradojas de su vida (y así la registró él mismo sin ambages) que recibiera en 1974 el premio literario de la Academia Bávara de Bellas Artes: un premio que en absoluto esperaba, como señaló con asombro en el discurso de agradecimiento. La distinción, sin embargo, era pertinente, quizá no tanto porque estimara extraordinariamente toda la vida a los poetas alemanes Paul Scheebart y Jean Paul y a Franz Kafka (había que verle irritarse si alguien le reprochaba que se le había pasado por alto alguna reimpresión de un texto de Scheebart, por ejemplo), sino porque el científico Gershom Scholem escribía un alemán tan preciso, objetivo y libre de toda jerga y todo ornato de mal gusto como ya no ocurre en nuestra generación. Hay pasajes en sus escritos, por ejemplo, en los seis tomos de sus *Judaica*, que, más que por el contenido, pueden leerse como modelos perfectos de la adecuación entre palabras y cosas. De manera muy digna de consideración, el lenguaje de Scholem permaneció inafectado por la evolución del alemán en los últimos cincuenta años: sigue, pues, próximo a la gran prosa erudita del siglo XIX.

Prescindiendo de las publicaciones de Scholem como especialista estricto, cuya lectura requiere, en su mayor parte, conocimientos de hebreo, para el lector de lengua alemana es lo más accesible e instructivo el *corpus* de ensayos que se halla reunido en los ya mencionados volúmenes de *Judaica*, que ha publicado la editorial Suhrkamp. Como ya he dicho, Scholem estaba convencido de que hablar de la simbiosis germano-judía, incluso *antes* de la catástrofe del Tercer *Reich*, era absurdo o habría sido absurdo, dado que la parte judía, en su opinión, *como* tal parte judía, no fue en absoluto tomada en serio; sin embargo, casi todos los ensayos y artículos de estos volúmenes tratan de contactos entre autores alemanes y judíos, entre pensadores y mundos de vida cotidiana alemanes y judíos, y de las influencias de unos sobre otros; o bien dejan reconocer los puntos decisivos de inflexión en la propia vida y en el pensamiento de Scholem. Es muy característico que el sexto tomo de *Judaica* se cierra con la impresión del escrito de 1925 en el que Scholem bosqueja para el poeta Jaím Najmán Bialik (que debía informar sobre la competencia de Scholem para enseñar cabalística en la Universidad Hebrea de Jerusalén) su estimación del campo de investigaciones a que se dedicaba y el proyecto de los trabajos que eran en él más urgentes. Con formidable dominio del asunto y de forma concisa, Scholem esboza ya aquí gran parte del posterior trabajo de toda su vida, que abarcó luego casi otras treinta monografías, así como numerosos artículos de revista y de periódico. Sin embargo, quien quiera conocer *at his best* al científico, al historiador, al biógrafo y, en cierto sentido, al novelista Scholem, que eche mano de su monografía más amplia: el escrito sobre aquel hombre al que Scholem se sentía vinculado casi por un tierno amor: Sabbatai Zwi, el falso Mesías del siglo XVII. Es éste un libro que se publicó en 1957, del que apareció una segunda edición ampliada en 1973 y que, por fin, desde 1992, está disponible en traducción alemana. Es verdad que tiene uno que familiarizarse con ciertos conceptos de la Cábala y con el conocimiento de algunos datos de la historia del exilio judío; pero una vez que se ha conseguido, ante el lector admirado se va desplegando la historia de una gran herejía: la proclamación del final del judaísmo rabínico y sus leyes porque llega el Mesías; la historia de una confusión que afectó a la práctica totalidad de las comunidades judías de Europa y el Próximo Oriente, partidarias de Sabbatai Zwi en 1666 y sumidas luego en el estupor y el desconcierto cuando él apostató y se convirtió al islam, deseosas de eliminar rápidamente aquella vergüenza; y, en fin, la historia de un psicópata religioso, poseedor, sin duda, de un carisma extraordinario, pero que no habría sido nadie ni nada sin el hombre que lo descubrió y estimuló: Natán de Gaza. A qué penosas confusiones pueden dar lugar las expectativas mesiánicas en el judaísmo hemos podido observarlo aún, hace bien poco, en las colinas de Brooklyn, con ocasión de las convulsiones habidas en torno al rabí de Lubawitsch, Menajem Méndele Schneerson, que murió sin haber manifestado con claridad si era o no el Mesías. Scholem ha venido a escribir el estudio en negativo del mesianismo, por decirlo de alguna manera, además de una novela de intriga de argumento histórico-religioso y un *thriller* de primera categoría sobre psicología de la religión.

En 1977 publicó Scholem su autobiografía, titulada *De Berlín a Jerusalén*. Ahora tenemos, en alemán, como libro de bolsillo de Suhrkamp, su edición ampliada, de 1994. Y, oh milagro, esta relación hecha por quien supo leer muy pronto los signos de su tiempo (el fracaso de la asimilación y la amenaza bajo la que estaba el judaísmo alemán) y se marchó en 1923, ha encontrado no pocos lectores en Alemania. Tras un año, se hizo necesaria una segunda edición. La autobiografía sólo llega, aproximadamente, al año 1925. Nos habría gustado saber, sobre todo, cómo juzgaba retrospectivamente Scholem sus primeros años en Palestina y de qué manera había evolucionado su toma de postura a favor del sionismo, revisada y comprobada con el criterio de la realidad; pero ya no escribió la segunda parte, sino que se limitó a añadir, en el texto originalmente escrito en alemán y destinado a la edición hebrea, algunos complementos que pasaron luego también a la edición alemana ampliada. Hemos salido ganando, porque ahí encuentran respuesta, dada por el propio Scholem, buena cantidad de preguntas referentes a personas que aparecían en sus recuerdos y, en el texto de 1977, simplemente eran nombradas como si supiéramos perfectamente de quiénes se trataba. Vale la pena, pues, releer (o leer) este libro del sabio berlinés, y no es la menor razón la de poder así gozar la concisión, la desenvoltura sin concesiones y el sonido un tanto áspero de su lengua materna en su más noble forma. Al leer estas memorias, sólo nos resta aprender otra vez, *tener que* aprender una vez más, qué oportunidades para la evolución de nuestro país fueron destrozadas al expulsar y asesinar a la inteligencia judía alemana, desde Werner, el hermano de Scholem, diputado comunista en el Parlamento del *Reich*, a Walter Benjamin; desde Werner Kraft al pedagogo Ernst Simon. Fueron alemanes, o vivieron por un tiempo en Alemania, en una época en la que había algunos inicios (los *seguía habiendo*, aunque deba decirlo, quizá, en contra de la estimación de Scholem) conducentes a la simbiosis germano-judía de la que tantas veces, es verdad, se echa mano con excesiva ligereza; algunos indicios de antes de que acabara con ella el asesinato masivo. Salman Schasar y S. J. Agnon, Martin Buber y Gustav Meyrink y Werner Kraft, todos los cuales aparecen en el libro de Scholem, dan testimonio de ello. Pero todo aquello pasó.

La prosa autobiográfica de Scholem, tan rápida y elástica, tan impaciente e impulsiva, pierde algo de unidad en su tono, naturalmente, debido a que contiene pasajes más o menos breves que están traducidos; y esto hace que su berlinés quede algo empalidecido. La frase final, en la segunda edición, es ahora una cita bíblica: «Brotará de la tierra la verdad». En la redacción anterior, el final con el que concluía el relato autobiográfico era la expresión dialectal que ya cité: «Y así fue como Elenita salió al campo». Sin embargo, a pesar de estos pasajes que la amplían y proceden de otra lengua, la narración gana al lector por el mismo sorprendente encanto y el mismo temperamento con los que ganó a sus oyentes cuando hizo Scholem de ella una lectura pública en Berlín, en diciembre de 1981. Acababa de regresar a su ciudad natal como miembro de su Academia (lo había hecho no sin cierta «retranca»), y la lectura tuvo lugar en la Casa Comunal Judía de la Fasanenstrasse. En la comunidad judía se habían olvidado de que realmente debería alguien saludar en nombre de aquella casa a Gershom Scholem y presentarlo. Tuvo, pues, el judío berlinés Scholem que ser presentado por el *goy*, por el gentil Drews, cosa que a Fania Scholem le pareció sencillamente imposible, pero con la que disfrutó mucho el propio Scholem, tan amigo de paradojas. Por dos horas permanecieron cuatrocientos oyentes pendientes de sus palabras. Sin rastro de efectismos y teatralidad, el viejo «hechicero», como lo llamaban algunos en Israel, desplegó la magia de su elocuencia. Ni una sola persona abandonó la sala en aquellos ciento veinte minutos. Once semanas después, el 20 de febrero de 1982, murió Gerhard Scholem en Jerusalén.